平衡计分卡系列书籍

成功导入平衡计分卡推动曲

薪酬制度的制定与管理实务

XINCHOU ZHIDU DE ZHIDING YU
GUANLI SHIWU

黄超吾 编著

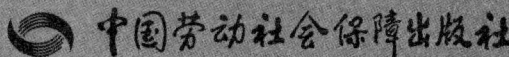
中国劳动社会保障出版社

图书在版编目(CIP)数据

成功导入平衡计分卡推动曲——薪酬制度的制定与管理实务/黄超吾编著. —北京：中国劳动社会保障出版社，2007

平衡计分卡导入实务系列

ISBN 978-7-5045-6746-8

Ⅰ. 成… Ⅱ. 黄… Ⅲ. 企业管理-劳动工资管理 Ⅳ. F272.92

中国版本图书馆 CIP 数据核字(2007)第 190686 号

中国劳动社会保障出版社出版发行
（北京市惠新东街1号 邮政编码：100029）
出 版 人：张梦欣

*

北京北苑印刷有限责任公司印刷装订 新华书店经销
787 毫米×960 毫米 16 开本 9.75 印张 159 千字
2008 年 2 月第 1 版 2008 年 2 月第 1 次印刷
定价：18.00 元

读者服务部电话：010 – 64929211
发行部电话：010 – 64927085
出版社网址：http://www.class.com.cn

版权专有 侵权必究
举报电话：010 – 64954652

序

薪资设计得好与不好，牵动着平衡计分卡中四大层面（财务面、顾客面、内部流程面、员工学习成长面）的推动，因为四大层面中所有的事情都是要靠人来完成的，而薪资与奖金的给付就是工作与绩效的对价。

人力资源管理在历经数十年的演进与变化后，所粹炼出来的不变单元是"薪资"或广义的"报酬"。薪资亦是人力资源管理的基础，其设计上的公平性，自然深深地影响着员工的态度，继而影响到绩效；对资方而言，是成本、是费用，当然越低越好！对劳方而言，是生活、是激励，当然越高越好！二者之间做到平衡与公平，才真正是薪酬管理的精髓。

为了感谢各位的爱护，本书中将对"薪酬设计公平对员工态度之探讨"的内容做深入的解析，希望能让企业在规划薪资设计的同时作为一项有价值的参考，以建立一套内求公平、外求竞争，上承公司策略发展，下接人力发展的薪资系统。

本书共分两篇，分别叙述如下：

一、设计篇

本篇重点在于薪资设计的基本概念、规划与技巧，主要是提供给人力资源专业的从业人员参考。由企业的经营策略谈起，再深入探讨薪资管理的策略，这是薪资设计的基础与方向，故读者在运用时需要先确认企业文化、体制与改变的成本效益，而正确地选择改变的时机与方式，才能克竟其功。笔者曾辅导过许多集团型企业与中小企业,深切地体会到薪资的变革对员工而言是非常敏感且影响深远的,只有不断地沟通、教育,并配合考绩、晋升、训练、激励与职业生涯规划,使人事制度与职业生涯管理、内部管理配套结合,才能发挥薪资管理的最高效益与最大功能。

二、经营篇

本篇重点在于以企业经营者的观点来看薪资设计的方向。人力资源的从业人员应有宏观观点,了解薪资设计之目的,配合企业之经营与发展,而非独树一帜,曲高和寡,令人却步,故为使薪资管理有效、具体、易为人接受,应考虑如何使个人需求与组织目标相结合,相辅相成,使薪资变革或薪资管理更有成效,以减少失败的挫折。分阶段实施,累积小的成功以肯定自己,相信更大的成功是可预期的。

本书陆续搜集国内外学者专家著作数百篇,拜读再三,始研其精髓之一二,其中杨信长、杨震寰、陈宗贤、葛东莱、徐承然、王世芳、彭楚京、张智雄等前辈之观念对本人及本书影响甚巨,并幸得淡江大学管理科学研究所所长陈海鸣博士之启蒙与中山大学人力资源研究所所长赵必孝博士及黄良志教授之指导,及笔者十多年从事薪资设计的个案经验积累,都将贯穿本书。在此向诸多师长好友致以谢意,并谨以此书献给对人力资源管理有兴趣的同仁,相信对企业人士有所帮助。当然笔者才疏学浅,本书缺点尚多,疏漏之处恳请大家不吝指教,使我有更多学习进步的机会。

黄超吾

序于台湾台北　2007 年 6 月

前　　言

时代在变，环境在变，影响到每一个企业体及每一名员工的需求也跟随着改变，因此各行各业的薪资制度、薪资结构都需要随大环境而调适，否则将难以适应竞争，难以经营。尤以近年来劳工意识提高，对薪资制度的改善更感迫切，当企业体处于人力极度短缺，人才流动频繁，技术经验难以传承之压力下，又是如何来判断、衡量？使人才与薪资能达到动态的平衡？

我们经常听到以下的问题：

1. 我们支付给员工的薪资太多了吗？

2. 我们愿意因薪资高涨而导致经营困难吗？

3. 我们对各单位支付薪资一视同仁吗？员工也是如此想的吗？

4. 我们招揽到真正所需要的人才了吗？有没有因为薪资的关系，我们痛失过良才？

5. 薪资制度可以奖励升迁、调职，还是具抵制升迁调职之反效果呢？

6. 我们的薪资制度能有效激励员工吗？

7. 我们核发薪资要花费很多的时间与精力吗？

8. 我们的薪资支付确能掌握得合乎预算而有所控制吗？

9. 我们支付给员工的薪资公平合理吗？员工亦认为如此吗？

10. 我们如何知道已给员工合理的薪资？又凭什么标准说薪资是合理的？

11. 我们通常在何种情况下调薪？又如何去决定金额多寡？

12. 我们所在乎的薪资支付的公平性,究竟是对谁公平?老板?员工?或是老板、员工都公平?公平的含义又是什么?

聪明的你,对以上问题有答案吗?

这些问题不论企业规模大或小都会发生,只是大企业有能力聘请薪资管理方面的专才来处理薪资设计上的问题,但也并不保证就能高枕无忧。大企业有时也会陷于薪资管理的假设、虚构与制度规章及程序之迷失而僵化,反不如中小企业有弹性,能快速因环境的变化而自我调适。不过中小企业也常因薪资政策反复无常,缺乏长期的、整体的目标及专家设计规划与管理,而显得乱无章法,再加上人才发展空间有限,常使士气低落,流动率高。

虽然现代的激励理论中,强调金钱所能扮演的角色已不如以往重要,但对大多数人而言,金钱不仅可让人满足基本生活之需求,同时也代表着身份、地位与荣耀,所以薪资仍然是大多数人谋职时先决考虑的主要因素之一。故聪明的企业主想尽各种办法使薪资成为有效的激励与留才工具。

如何使年资、生活、考试导向的薪资制度,转化为职位(务)、绩效、能力导向的薪资制度?如何使薪资与营运绩效相结合?这些都是本书所要讨论的主题与重点。

编 者

2007年12月

目 录

设计篇

第1章 人力资源经营规划策略　　3
第一节　企业整体性经营策略规划　　3
第二节　人力资源经营分析　　6

第2章 薪资策略　　12
第一节　薪资策略的制定　　12
第二节　薪资策略的目标　　15
第三节　影响薪资策略的因素　　17

第3章 薪资设计的基本原则　　19
第一节　基本原则　　19
第二节　决定个别员工薪酬的基本因素　　20
第三节　产出导向和输入导向　　21

第4章 薪资体系　　23
第一节　薪酬制度　　23

第二节　薪酬公平的认知　29
第三节　薪资满足　35

第5章　工作设计　38
第一节　工作分析　38
第二节　工作说明书　44
第三节　工作规范　59

第6章　工作评价　64
第一节　工作评价的定义　64
第二节　工作评价的方法　66
第三节　工作评价的实施　71
第四节　工作评价需考虑的问题　77

第7章　薪资结构　80
第一节　职等　80
第二节　薪资区间范围　81
第三节　薪资重叠范围　82
第四节　薪资曲线　86

第8章　各种加给与津贴　88
第一节　加给与津贴的区别　88
第二节　加给与津贴的给付原则　88
第三节　加给与津贴的设立标准　90

第9章 薪资调查 91
- 第一节 调查目的 91
- 第二节 调查区域 91
- 第三节 调查对象 92
- 第四节 调查方式 96
- 第五节 薪资调查报告的运用 98
- 第六节 薪资调查可能面临的问题 99

第10章 绩效考核 102
- 第一节 绩效考核的目的 102
- 第二节 绩效考核与目标管理 103
- 第三节 绩效考核表的设计 105
- 第四节 绩效考核程序 106
- 第五节 绩效考核的运用 107

第11章 奖金设计 110
- 第一节 奖金规划的变数 110
- 第二节 全勤奖金设计 112
- 第三节 WEITZMAN 奖金设计 114
- 第四节 业绩奖金 115
- 第五节 绩效奖金的设计 115

第12章 薪资调整 118
- 第一节 调薪的原因 118
- 第二节 调薪的程序 119

第三节	调薪时间与支付方式	120
第四节	调薪注意事项	121

第13章　薪资预算　123

经营篇

参考文献　135

设 计 篇

第 1 章

人力资源经营规划策略

第一节 企业整体性经营策略规划

21世纪的企业经营是以人才为本,人本主义、人本思潮,正不断冲击着劳资关系,故在策略上我们极尽地思考着社会、供货商、顾客对我们企业的期望是什么?而我们的干部、管理者、员工等内部的成员,他们又期望企业什么?我们思索企业过去绩效,评估现在的绩效及预测未来的绩效,使我们发觉我们尚有很大的改善空间,只是看我们想不想去做,但首要的问题是我们如何去做客观的评估以便下定决心。

薪资规划会有形或无形地影响着企业经营的成本与人才的异动,也直接或间接地影响着企业竞争力与未来生存发展的空间,故在进入研讨薪资设计等技术层面的理论与实务时,我们应先厘清企业整体的策略为何?所有的人力资源规划设计均应随此公司整体策略而发展,读者您同意吗?

企业整体性经营策略规划,先要从使命开始,了解与确认我们的事业是什么,并以此为基准进行 SWOT(强势—劣势—机会—威胁)的矩阵分析,以彻底了解企业内外在环境的变化,外在环境对企业而言是机会抑或是威胁?企业的竞争优势为何?劣势为何?如此才能经过理性的评估,找出合宜的策略与衡量此策略的里程碑,但因策略有程度上及时间效益上的不同又再区分为战略性(结果性目标)及战术性(过程性目标),再依重要性与急迫性、成本与效益筛选出公司层级的主要绩效指标(key perform indix,KPI),作为企业绩效管理的一环。

由以上得知,企业策略规划的首要为制定目标,但在制定目标前要如何分析呢?

一、SWOT 分析的目的

SWOT 分析的内容即对企业的内部优势(strengths)、劣势(weaknesses)及对外部的机会(opportunities)与威胁(threats)四个层面做详细深入的解析，以了解企业所处的外部环境与内部体质，以此作为制定策略与目标的依据，并避免高估或低估目标值。

二、SWOT 分析的内容

1. 内部环境——优势（S）与劣势（W）

平衡计分卡四大层面包括财务面、顾客面、内部流程面、员工学习与成长面。

财务面：损益、资产、投资报酬率。

顾客面：业务、营销、顾客关系。

内部流程面：研发（创新性、延伸性）、品管（品质管理）、生技、生管、采购、仓管、制造。

员工学习与成长面：招募、任用、训练、绩效、薪资、信息化 MIS。

2. 外部环境——机会（O）与威胁（T）

社会：人口变化、企业的形象、消费形态。

经济：汇率、进出口变动、全球变化。

法律：劳动法令、税法、专利法等。

环保：污染、生态保护、废弃物处理等。

市场：竞争（波特的五力分析）成长、衰退、流行趋势等。

劳工：失业率、素质、勤奋度、外劳状况等。

三、SWOT 矩阵分析的方法

以 osborn 脑力激荡模式，找出企业内部的竞争优势与弱势所在，并进一步对 SWOT 的内容做交叉矩阵分析（见表1—1），产生出公司的目标进而研拟成相对应的策略，分期分阶段完成，但切勿太过主观，对于优缺点认知的过与不及均非企业之福。

表1—1　　　　　　　　　　SWOT 矩阵分析

	机会（O）	威胁（T）
优势（S）	OS：竞争优势	TS：危机转机
劣势（W）	OW：竞争劣势	TW：立即危机

内部的优势即为企业成功的基础，一切策略均应建立在此基础之上，而内部的弱势为企业进步的障碍，在成功之路上必先排除。

任何企业的发展均会受外部环境变化的影响,但对企业而言是福是祸,是机会是威胁,均是稍纵即逝,或一败涂地,故企业对外在社会的变迁、汇率的变动、劳动法令的法律适用时增加的成本、环保对市场造成的影响,都是关系着企业的生存命脉。唯如何去审辨、掌握、应对才是SWOT矩阵分析的主轴。

1. SWOT矩阵战略选择方案(SWOT matrix strategy soulat)

SWOT矩阵选择方案主要是透过表1—1的矩阵排列模式,以协助战略规划者将内、外部环境所得的信息逐对进行匹配,使之产生SWOT矩阵:OS(竞争优势)、TS(危机转机)、OW(竞争劣势)与TW(立即危机)四大方案,以帮助经营者制定如下四类战略的重要匹配工具:OS战略、OW战略、TS战略和TW战略。外部环境分析与内部环境分析对战略分析而言,仅属于依不同条件收集与过滤对本企业有用的真实信息,着重在检视数据的适用性、真实性、客观性与因素分析,不着重在推理;然而SWOT矩阵分析选择方案则着重在对环境的信息进行理性的、准确的判断与推理后,在OS,TS,OW,TW中提出具有针对性的相应战略,以作为企业制定目标的坚固根基与依据。

这也是建立SWOT矩阵分析方案中最困难、最耗时的部分,整体过程要求理性、客观、优质的判断,这需要战略决策者发挥战略性思维或创造性思维的高度智慧与勇气的思考活动,而且企业战略决策者的信念不同,也永远不存在一种最佳的匹配方案,它更是企业面对商场战争的年度大型兵棋沙盘推演动态竞争的一环。很多企业在构思解决方案时太一厢情愿,甚少考虑竞争者的反应或反击,或仅考虑下一步,当思考的纵深不够时计划通常就会呈现出一变再变的现象。

2. OS(竞争优势)

主要是思考如何有效地利用企业外部环境所带来的机会,以结合、发挥企业内部固有的核心竞争优势,而选择采取适当的、针对性强的战略作为。所有的战略管理专家或决策者在做战略分析时就是在不断地寻找对自己企业最有利的外部环境与自身的独特竞争优势,希望透过内外环境相互的影响充分利用自己的内部优势去抓住和利用外部的有利趋势与事件所提供的机会。

3. TS(危机转机)

主要是思考当企业面临外部严重威胁时,如何利用本企业的优势去抵挡、防御、回避或减少外部威胁所造成的影响,甚至有时会采取攻击的手段,以化解危机。战略管理专家或决策者在做战略分析时应该认真收集与监控所有会影响企业经营的外部情报或环境,不断地寻找对自己企业最有利的,这并不意味着一个很有优势的企业在前进中总要遇到威胁。

4. OW（竞争弱势）

主要是思考如何有效地利用企业外部环境所带来的机会，来强化与弥补内部弱点，因企业一些内部的弱点妨碍着它利用这些外部机会。这是为什么市场景气时仍会有企业亏损或不赚钱的原因。

5. TW（立即危机）

主要是思考当企业面临外部严重威胁时，如何强化与弥补内部弱点同时回避外部环境威胁的防御性技术。一个面对大量外部威胁和具有众多内部弱点的企业的确处于不安全和不确定的境地。实际上，这样的公司正面临着被并购、收缩、宣告破产或结业清算，因而不得不为自己的生存而奋斗。

第二节 人力资源经营分析

当我们上一节谈到公司层级的SWOT分析时，我们曾提到外在环境分析以了解企业目前及未来的机会或威胁，企业应广泛针对人力资源管理上不同的课题做全面深入的探讨与剖析，尤其是现阶段的竞争对手与潜在的竞争者，使经营者透过科学的分析能更有效掌握外在环境的变化。

外在环境诸如社会的变迁、经济的荣枯、政治的风险均非单一企业所能抗衡与操纵，但企业内部经营环境，却是可经由良好的制度规划与确实的执行所能创造与掌握的。故企业常运用若干的统计数字来做经营的定量分析，从实际的人力资源管理的数据来探讨人力资源政策与执行面的问题，作为绩效改善计划与人力资源规划的基础，此为定量分析的运用。

但就因"人"不是"物"，而是"活生生"的，有时纯定量分析无法处理人的问题，故需要将定性的问题定量化，以检讨往年成功与失败的经验作为往后经营人力资源管理的参考，及检讨未来人力资源策略是否适宜的标准，再根据经营者的理念，分析公司的组织结构关系与人力运用是否真能适才适所、人尽其才，以发挥组织之协调分工的最大效益，继而分析公司内全体员工的士气、工作满意度等，做好"内部营销"以确实掌握公司人力资源经营之情报，作为拟订人力运用计划之基础。

经营者的人格特质造就了不同的企业文化，也形成了各企业不同的经营特色，凡从薪资与工作绩效的评价方式到问题分析处理能力，均反映在企业成长过程中人力资源的竞争优势上，孰优孰劣，经营者应有足够的反省能力与空间去思考、检讨。

人力资源管理的主要绩效指标（KPI）见表1—2。

表1—2　　　　　　　　人力资源管理主要绩效指标（KPI）

1. 每名员工的营业额、营业毛利。
2. 人事成本占产品成本的比例。
3. 间接人员与直接人员的比例。
4. 管理职位人数与员工人数的比例。
5. 人力损耗指数（LWI：LABOR WASTAGE INDEX）

$$LWI = \frac{在同一年度内离职人数}{在同一年度内的平均员工人数} \times 100\%$$

6. 人力稳定指数（LSI：LABOR STABILITY INDEX）

$$LSI = \frac{现时期满一年以上的人数}{一年前雇用的人数} \times 100\%$$

7. 留任率（SR：SURVIVAL RATE）

$$SR = \frac{一定期间后仍在职人数}{原在职人数} \times 100\%$$

8. 流动率（TR：TUROVER RATIO）

$$TR = \frac{期间内离退人数 + 期间内新进人数}{期间内平均员工人数} \times 100\%$$

9. 年龄分析
10. 学历分析

按部就班依照"人力资源策略规划流程"（见图1—1）先行了解诊断人力资源的经营现况，然后再寻求对症下药的药方，如此将可使企业更健康、更长寿。由人力资源经营策略面观之，企业的人力资源经营SWOT分析可区分为外在环境分析竞争环境分析、内部环境分析（见图1—2）。

一、外在环境分析

1. 分析国内外人力市场供需及机会与威胁。
2. 分析国内外法律、社会、经济对人才取得的影响因素。

二、竞争环境分析

1. 分析国内外人力资源管理技能革新的影响。
2. 分析劳动力市场及业界的人力资源环境条件。
3. 分析现有竞争者与潜在竞争者人力素质。

三、内部环境的分析

由"选、训、用、留"四个层面进行公司内部的人力资源定量与定性评估。

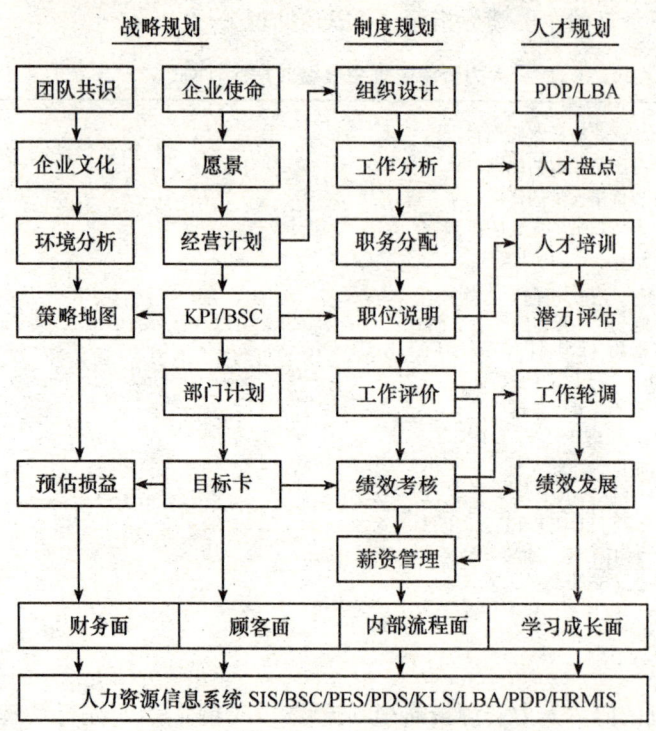

图 1—1 人力资源策略规划流程

1. 定量分析

由统计数字做人力资源经营的定量分析，掌握实际人力资源管理的数据（参见表 1—2）。

2. 定性分析

（1）检讨往年成功与失败的经验作为今后经营人力资源管理的参考。

（2）检讨人力运用是否适才适所、人尽其才。

（3）根据企业未来的发展与经营者的意愿，分析公司组织结构关系。

（4）分析员工满意度，做好内部营销。

（5）分析公司赖以生存的文化与价值观是否合乎外在环境。

尤其是在进行外部环境分析时，特别要注意人力市场的结构变化，因企业的未来是靠高附加价值的员工来创造绩效，若同业与非同业（现在或潜在）竞争者太多，则人才市场的威胁风险加大，不利于企业长期发展，故要找出人力发展的机会，来保有人力发展的优势，以免人才丧失而惨遭淘汰。

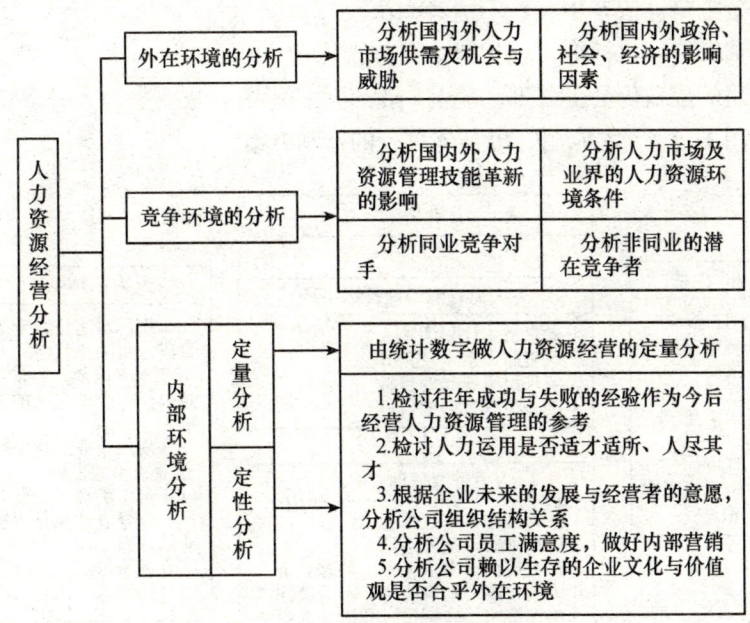

图1—2 人力资源经营SWOT分析

而在内部环境分析中,我们也要以已往的人力资源管理数据作为分析基础,检讨人力发展的策略与企业发展的目标是否一致,使人尽其才,适才适所,转弱势为优势,组织才能恒常发展,故对公司体制的检讨就应认真落实,谋求改善之道,如此才能真正确定公司未来人力资源发展的策略目标。

各企业主均有其经营的使命(mission),也正是企业长期发展的方向,故人力资源管理的发展,必然要配合此使命来制定长、中、短期目标,如:

短期的目标为:

✤未来员工计划需求人数?

✤未来薪资水平及预算?

✤未来组织成长的目标?

✤员工生涯发展的目标?

然而要配合此四个目标的达成,必须采取某些手段与方法,即策略,如:

✤招聘策略:广收慎选。

✤任用策略:适才适所。

✤薪资策略:内求公平,外求竞争。

❖ 绩效策略：适者生存，不适者淘汰。
❖ 培训策略：建标准，化劣势为强势。

但策略的成败仍会受外部环境与内部环境的影响，故要做内、外环境的影响评估（见图1—3），才能制定出具体可行的行动方案。

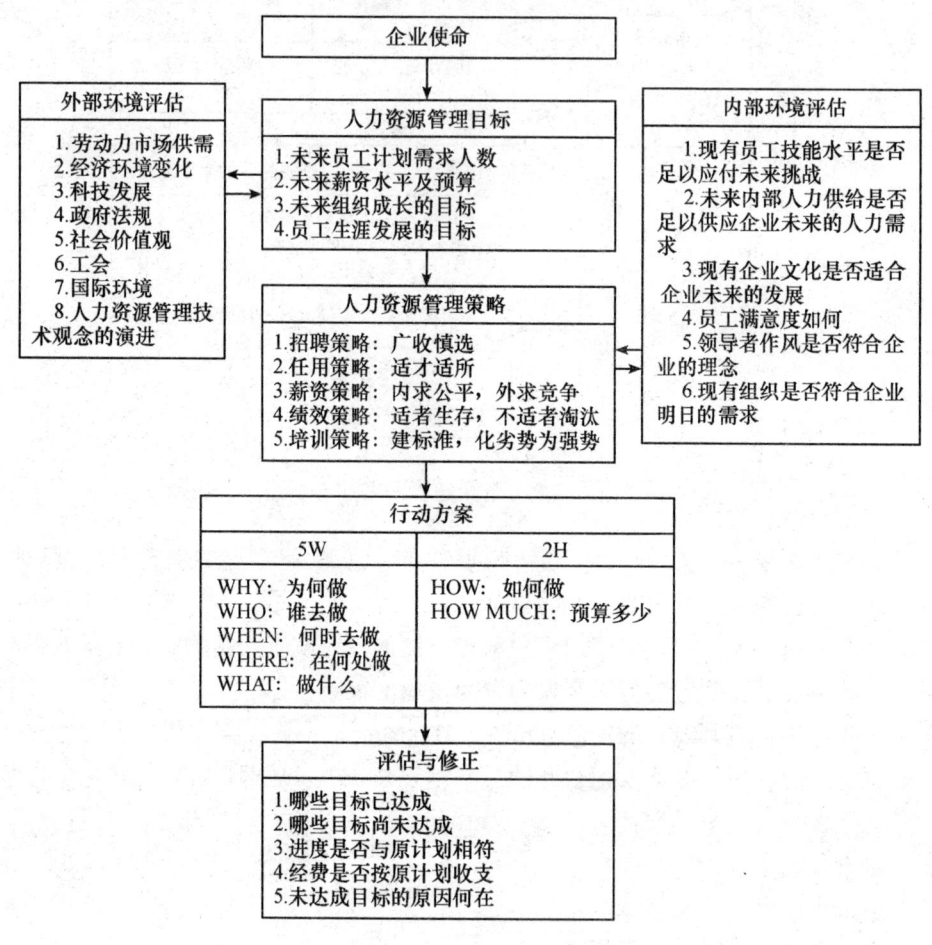

图1—3　人力资源经营与管理

凡人力资源管理中组织、招募、任用、晋升、轮调、薪资、训练、考绩、劳资关系、生涯规划等，其复杂性颇高，我们该如何把人力资源管理中的抽象工作转换成可执行的具体行动方案呢？这当然有赖我们运用5W及2H达成，每一抽象方案经由：

5W
- WHY：为何做
- WHAT：做什么（事）
- WHO：谁去做（人）
- WHEN：何时做/何时完成（时）
- WHERE：在何处做（地）

2H
- HOW：如何做（计划）
- HOW MUCH：预算多少（预算）

据图1—3即可拟出一份具体可行的行动计划，在执行后，我们当然要评估与修正，以了解以下几个问题：

(1) 哪些目标已达成？
(2) 哪些目标尚未达成？
(3) 进度是否与原计划相符？
(4) 经费是否按原计划收支？
(5) 未完成目标的原因何在？

再循例制定下一目标，使人力资源管理的策略目标均能确实完成落实。

第 2 章

薪 资 策 略

第一节 薪资策略的制定

薪资策略的制定是依据企业的人力资源策略方向而发展,一个好的薪资策略应包括薪资策略的原则、种类与范围,叙述如下:

一、制定薪资策略的原则

1. 合乎法令规定

各国政府为保障普通劳动者的合法权益,都相继颁发了一系列的劳动法令、社会保险法令与税务法令,对薪资有关的问题做了原则性的规范,也对企业的薪资政策产生了直接或间接的影响,企业在制定薪资策略时必须遵守。

2. 具就业市场的竞争力

企业在制定薪资政策时,要维护劳动者的权益,努力吸引更多、更好的劳动力,透过市场的薪资调查而逐渐趋向合理化且具竞争力。

3. 顾及产品及服务的成本

企业的生存在于经营利益的维持,故需要要有优良的人力、技术、设备、流程设计的配合而生产出低成本高利润的产品,及提供最优的服务给顾客,在劳动力密集的行业中,薪资政策对产品或服务的成本具有决定性的影响力。

4. 公平合理及具激励性

企业本身的薪资策略是否允当,即在于是否"公平合理,且具激励性",理想的策略当然是能"内求公平,外求竞争",且又具有高度的激励效果,以创造更好的绩效水平。

综观以上可知,企业的薪资策略对外要符合政府的法令规章与强化劳动力市场的竞争能力,对内仍需要顾及产品及服务的成本及员工间的公平原则、激励原则,如此的薪资政策才能有效配合企业的需求及整体的经营策略与未来发展。

二、薪资策略的种类

一般企业会因时空因素及获利能力的转变,在不同时期有不同的薪资策略以配合企业整体的经营策略,其目的在于维持企业内人力资源的稳定及保持对劳动力市场的竞争力,一般而言区分如下:

1. 领导的策略

所谓领导的策略是指企业将其薪资策略制定在作为薪资市场领导者的地位,目的在于创造有利的条件,以招聘到人才市场上顶尖的高手投入旗下,故其平均的薪资给付水平会定在高于市场平均薪资水平($P>90$)之上。

2. 竞争的策略

所谓竞争的策略是指企业的平均薪资水平与市场的平均薪资水平相当($50<P<60$),且在市场平均薪资水平10%上下浮动,并紧盯着企业的主要竞争者,且使员工充分了解企业的薪资水平已具市场竞争力,从而降低其跳槽的意念。

3. 利基的策略

所谓利基的策略是指企业的平均薪资水平低于市场的薪资水平,一般而言,此类企业大都获利较差或经营绩效不佳,无法支付一般水平的薪资,故也降低其对劳动力市场的竞争力,渐渐无法吸引有能力的人才,长此以往,企业将呈现劳动力"反淘汰现象"。不过此类企业大都不以人力资源"素质"作为企业竞争的主要手段。

三、薪资策略的范围

1. 市场的竞争能力

经由薪资市场调查了解人才市场的平均薪资水平,并绘出市场的薪资曲线,再与本企业现有的薪资曲线相比较,以了解相同职位间的薪资差异,及同一企业体内同职等(位)员工的薪资差异,以定出本企业新的薪资曲线。

2. 薪资的决定方式

薪资的决定方式是否依对外在环境的薪资调查及对内在职务的工作评价的结果而制定,抑或是依企业主个人的主观直觉印象而制定,这会影响到核薪的公平性与合理性,也会影响人才的获得与维持。

3. 薪资的异动处理

正式的薪资策略应明确指出人员晋升、调职、加班、请假等对员工薪资的影响,此项薪资涵盖所有的财务性与非财务性给予(见图2—1),并指出员工调薪

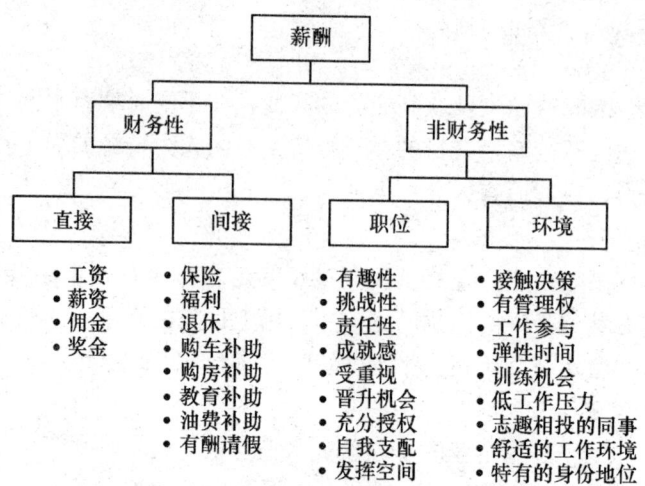

图 2—1 财务性及非财务性薪酬

的基准,使员工了解加薪的缘由来自何处。

4. 薪资的支付方式

支付的方式涉及支付的能力与支付的技巧,薪资支付基本上可区分为财货性给予及非财货性给予两大类。财货性给予又可分为本薪、加给、津贴、补助等各种现金收入;非财货性给予又可分为实物的给予,如汽车等,以及名誉的给予,如身份、地位等。

当我们确认薪资策略的原则、种类与范围后,接着就是拟订企业的薪资策略,其范例如下:

人本企管　薪资政策

一、内求公平,外求竞争,同时能激励员工士气。个别薪资采取保密政策。

二、薪资给付在同业平均水平之上（$60 < P < 80$）,最高职等与最低职等薪资差距在 5 倍以上。

三、采取职务薪给制,以执行职务的价值及工作绩效（成果）作为工作的主要报偿。

四、全面性薪资调整每年一次（三月份）,并参考当年物价指数、公务员待遇及年度薪资市场调查资料,全面检讨调整。

五、个别性薪资调整为因应个案的需求、劳动力市场的供需状况与年度考绩状况,随时弹性处理以维持人力市场的竞争力,其目的是留住绩效好的员工,以避免陷入人力资源反淘汰现象。

六、符合职位说明书要求者，起薪应参考个人希望待遇，试用期满再予调整（10%以内）。

七、如果职位晋升，薪资须按新职务调整。

八、以同业间平均每人生产力（营收/人数）作为薪资水平的比较基础，并维持每年10%成长，以控制编制名额，提高员工个人附加价值。

九、劳动分配率控制在30%～40%之间，人事费用对薪资的比率控制在1.3～1.6之间，持续加强非财货性所得。

十、加给与津贴的发放名目必须主旨明确，且不超过本薪15%，另有特殊贡献时，以奖金方式激励。

第二节 薪资策略的目标

薪资策略目标在 G. T. Milkovich & J. M. Newman 薪资管理的基本决策理论中主要为合法、公平与效率，要做到这三者乃基于内部一致性、对外竞争力、员工贡献度与管理复杂度四大层面的评估（见图2—2），如此才能建立合理化的薪资管理体系（见图2—3）。

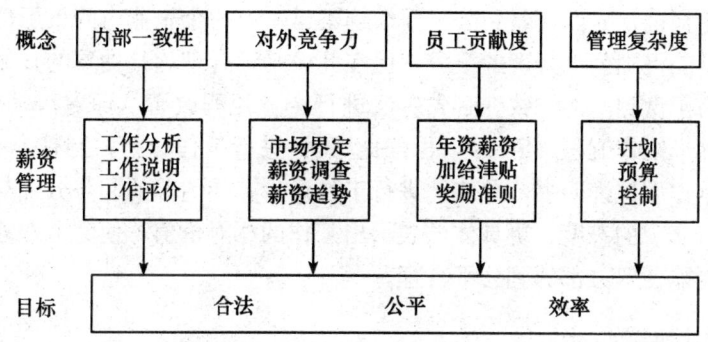

图2—2 薪资管理的基本决策理论

资料来源：G. T. Milkovich & J. M. Newman Compensation. 2nd ed Business Publications, Inc., 1987, p.7.

一、内部一致性

中小企业大部分为独资的经营形态，员工的核薪、调薪完全看老板的印象与

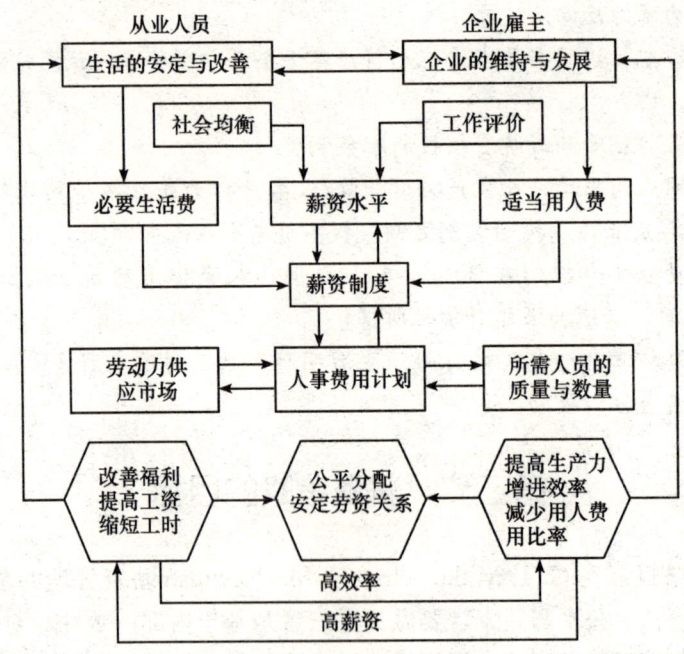

图 2—3 合理化的薪资管理体系

认知，而老板也常为如何做到公平而烦恼不已。每一个企业内的员工都会有一个期望，就是能得到公平合理的报酬，但在此公平、合理均是抽象的、相对的、主观的，故为了做到内部一致性必先有效进行企业流程改善（BPR），依改善后的流程制作标准工作流程（SOP），再依此 SOP 进行工作分析，制作职务分配表，确认后再制作职位说明书，并依此进行工作评价，使内部的职务分配与薪资所得相配合，以客观的态度，更具体的表示出工作的相对价值，使劳资双方的期望值更接近，而能使双方都感到公平合理。

二、对外竞争力

人事费用是企业经营上相当庞大而固定的成本，但薪资策略如何能吸引外部人才与留住内部人才？如何防止人事费用快速增大而危害到企业经营的成果？如何降低经营的风险，将此庞大的固定费用中的一部分转变成变动费用？正是我们制定策略的首要目标。故为了对外具有竞争力必先做好薪资市场调查，了解市场的薪资趋势，并制定出有竞争力的薪资结构，使薪资能与绩效相结合，使企业更具竞争力。

三、员工贡献度

员工的贡献在资方的认知是指其产出的绩效而言，在劳方的认知除绩效外还包括其时间的投入（年资）、知识的投入（培训）、体力的投入（加班）等。故为了做好员工贡献度评估，我们会考虑员工年资、职务加给与津贴、绩效表现，并设计各种奖金制度来表彰与反馈员工的辛勤与贡献。

四、管理复杂度

有了明确的薪资策略，便能着手建立属于本企业的薪资管理制度，故为了使薪资管理复杂度能有序可行，必须要有薪资计划与预算（P）、发放执行（D）、控制（C）、改善与评估（A）。经由这一流程使得薪资的决定就不再是令老板或人事主管很伤神、很难决定的事，此时便可授权给予下属主管或承办人，按既定的管理规则处理，并经由计算机软件设计，使例行性的薪资支付工作更为轻松。

第三节 影响薪资策略的因素

薪资策略并非纯数理或纯科学的，故不能只以简单的数字来表达人类工作的价值，所以在决定薪资过程中须特别讲求合理性、公平性、一致性与整体性，要以群体为考虑的基础且对个别的薪资差异均能加以解说，并对给付的对象具说服力，使劳务给付者在付出劳务的同时，认为这是值得的。以下说明其相互的影响因素：

一、员工资格与经历

资格：学历或经专业资格测验（考试）合格或具有专业技能证书者。
经历：直接从事相关的职务、时间与绩效表现。

二、雇主给付能力

雇主对薪资给付的能力相对于给付的意愿而言，策略才是主观性的影响因素，有些雇主因经济大环境的变迁或本身经营不善，无法有效改善本身薪资给付的能力与条件，有些雇主因采取低薪策略，只求降低薪资成本，创造短期利益，而无改善薪资给付的意愿。

三、对组织的贡献程度

在事业部制或利润中心制或具有完整客观绩效考核制度的企业中，较不重视个人本身条件而较重视个人对组织的贡献度（成果），如此对企业或个人而言都是较公平的方式。

四、社会生活水平

社会生活水平常因城乡之间或国内外之间有很大的差距，故在不同之社会生活条件下，劳资双方都会自行调适出一个具有基本生活水平的薪资策略与所得愿望。

五、职位要求状况

不同职位其对组织的贡献必然不同，但有时职位的给予可增加受薪者的社会地位，亦可视为薪资报酬中非财货性报酬的一种。

六、劳动力市场供需状况

2004年台湾地区劳动力市场（就业市场）正因劳动力人口锐减，工资高涨，国民教育水平提升，服务业兴起等因素影响，致使就业市场显现出基层劳动力不足，虽整体失业率与其他国家和地区比较相对偏低，但潜在的隐藏性失业与低度就业问题，仍然造成整体劳动力市场供需失衡，至今蓝领阶层仍炙手可热，求过于供。反观白领阶层，却因教育普及、学历普遍提高而不愿投入蓝领就业市场，且传统产业外移大陆，学人纷纷回台寻找就业机会，致使白领阶层也出现失业现象。各行各业各阶层劳动力市场的就业供需状况，也常引导着其薪资市场的行情。

七、工会的影响

台湾地区工会发展较晚，且长期受政治与经济的影响很深，一直都未受到重视，造成工会在薪资的劳动条件上的影响并不太大，较受重视的话题不外乎基本工资调升、年终奖金、社会保险、退休金、资遣费等问题，这在本书中均有探讨。

第3章

薪资设计的基本原则

第一节 基本原则

一、传统原则

具有历史传统的企业组织，薪资制度的调整方式不同于新设公司，要扬弃旧制的规范是非常痛苦的，故应在不影响现有员工既得利益的原则下，实施渐进式的改革，并与员工诚恳沟通，才能维持和谐，建立共识。

二、竞争原则

定期实施薪资市场调查，以了解地区内同业薪资水平，使本企业的薪资水平具有外部竞争力，并经得起与同业或其他同职种比较，以利于在劳动力市场迅速找到符合企业所需的人才。

三、整体原则

薪资问题涉及整体人力资源的规划与运作，不能以单一议题来讨论处理，其设计时必须配合组织职位体系及招聘任用、绩效考核办法，三者完整结合，才能相辅相成。

四、属职原则

薪资制度的规则贵在客观而理性，必须考虑各项职务的职责的相对价值，经由工作评价求得内部公平，以充分发挥"属职"薪资的特色。

五、属人原则

对于员工资历，给予适度尊重，兼具属人薪资的特色，但非无意义的纯粹年功序列制，以免造成人事成本递增，并防止高薪低就的后遗症。

六、属能原则

薪资制度贵在反映员工工作绩效与薪资间的关系,故绩效薪资应能定期迅速反应在薪资报酬上,以杜绝酿成过度递延于调薪差异的长期不公平,以发挥属能薪资的激励效果。

七、激励原则

薪资的设计,应促使其能实质满足员工生活及工作的基本需求,并考虑到职务,更进而对于绩效表现优异者给予应得的弹性奖赏(绩效奖金或年终奖金等),以加强正面强化效果。

八、弹性原则

薪资设计除应具有固定架构的恒常性外,在面临环境因素变迁时(如工作技术改善、职位体系调整及生活条件变更等),能有效弹性调整,而不破坏薪资结构的完整性。

第二节 决定个别员工薪酬的基本因素

个别员工财务性薪资报酬(见图3—1)的决定基本上需要在外部公平性、内部公平性、组织公平性、个人公平性四者之中取得均衡,使个人受益、组织受惠,创造最大的整体利益,而产生良性循环。

对个人公平性而言,学历可视为员工自我在专业知识上的投资,经验也是员

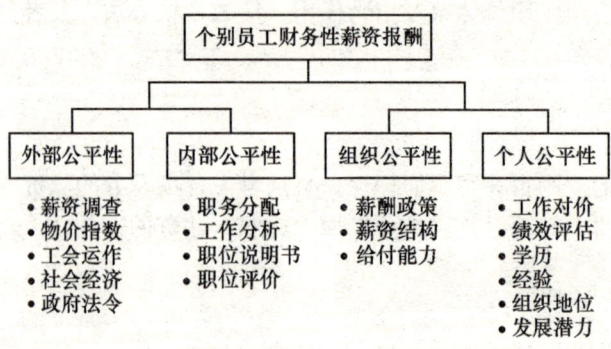

图3—1 个别员工财务性薪资报酬

工在企业实际工作中的有效积累,无数次成功与失败的教训而成,故对个别员工而言,应该参照员工的学历、经验及依现有的绩效与未来发展潜力作为其绩效发展的要素。

但对组织而言,应该参照整体组织绩效与企业的薪资政策、薪资结构及给付能力、给付的一致性来作为薪资策略的要素。

对企业内部而言,应该考虑职务分配的结果,经工作分析后确定职位说明书内容再经工作评价,才能产生较为一致性、公平性的结果。对企业外部公平性而言,应考虑社会经济状况、物价指数的波动情形,参考政府相关劳动法令限制及薪资调查资料,来作为工作评价的要素。

第三节　产出导向和输入导向

当我们再深入探讨个人公平性与组织公平性时,首先遇到的问题是组织的目标与个人的目标孰重孰轻。

薪资循资格而定,工作内容、责任与资格不一定相符合,算是一种齐头式的平等。大部分人做事总怕伤脑筋,往往有规矩套规矩,没规矩就考试。将公平性完全推给现成的规章制度,行事自然缺乏弹性,不能针对环境改变,故企业的薪资结构有诸多不合理因素与无力感,其关键的问题是太集中在输入导向,致使薪资与组织发展无法密切契合。

本书一再强调组织的重要,是因为企业在本质上是人的组合与事的运作,其经营发展与人力资源的有效运用有其密切的关系。

薪资水平的高低虽不是激励员工的唯一条件,但薪资的公平分配与合理的给付标准是企业良性运作的基础,我们从图3—2中可了解产出导向和输入导向对员工薪资架构的影响,从表3—1中我们更可经由产出导向和输入导向的优缺点分析,来拟订企业的薪资策略及人力资源发展的策略。但从重视年资、经历转变到重视绩效(产出导向)(见图3—3),牵涉复杂的职位评估与薪资策略问题,这也正是本书所要论述的重点。(资料来源:徐承然.薪资结构合理化.管理杂志201期)

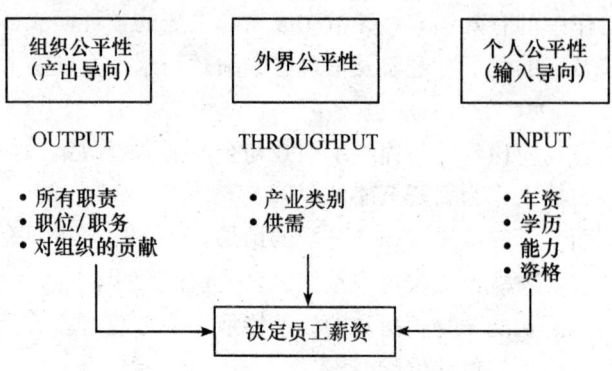

图3—2 产出导向和输入导向

表3—1　　　　　　产出导向和输入导向的优缺点分析

产出导向	输入导向
优点： 1. 责任划分清楚，赏罚分明 2. 较能发挥个人的潜能与空间 3. 以能力及个人对公司的贡献程度，来加以论功行赏 4. 配合组织发展的需要，寻找合适的人才，注重专业	优点： 1. 较注重年资与工作伦理 2. 人员流动率低，对公司较有向心力 3. 培养人才，工作轮调，个人学习机会多 4. 依年资付薪，吸引员工久留
缺点： 1. 适者生存，不适者立刻被淘汰 2. 造成同事之间彼此竞争 3. 易产生个人英雄式的表现 4. 员工流动率偏高	缺点： 1. 缺乏内部竞争性，人员安于现状，造成官僚主义 2. 有能力者不易出人头地，甚至受到排挤，造成反淘汰现象 3. 薪资未能与个人绩效结合，对组织的资源分配不公平 4. 现有人才无法配合组织的发展需要

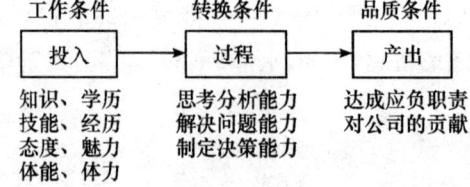

图3—3 个人公平性转换成组织公平性的转换系统图

第4章

薪 资 体 系

　　从企业的立场而言,既然同样是要支付薪资,当然希望其所支付的方式能使员工满意,以期提高生产力;从从业人员来讲,当然希望自己的工作能获得公正的评价与相称的薪资,因此薪资体系就承担着非常重要的角色,故当企业考虑要重新研讨薪资策略、薪资体系、薪酬制度时,应该充分考虑员工的意见、公司的策略与社会的动向,如此才能有效地解决薪资的问题,以下将就薪酬制度设计、薪酬公平认知及员工薪资满足分别进行探讨。

第一节　薪 酬 制 度

一、薪酬制度设计方案

　　Hughes & Wright(1989)认为传统上组织在设计薪资制度时,管理者仅是将薪资用来作为奖惩员工行为的管理工作而已,而处于现今的经济社会环境中,尚需要考虑其他非管理(nonmanagement)的因素,例如:员工的价值观及员工对公平的认知等。唯有如此,才能使组织的薪资策略在满足吸引人才、留住人才及激励人才的要求之外,也能满足组织在市场上竞争的需求,且能帮助组织达成策略性目标。

　　诸承明(1995)认为,由于薪资在企业管理中所扮演的角色不只是纯粹的劳务报酬而已,薪资也是企业经营者用以影响及操作员工行为的重要工具。因此,企业在设计薪资方案时,往往为了满足多元化目标,必须在设计理念上同时兼顾多项基本要素,包括保健、职务、绩效、技能等要素。

　　薪资设计模式相当繁多,但针对 Mahoney(1989)的薪资给付层面定义(见图4—1)及诸承明(1995)薪资设计情境模式(见图4—2),及参考多方面的文献归纳后,发现保健要素其任务价值分析性低及任务产出变异性低,在薪资设计实务作业上是靠薪资市场调查以了解市场行情,但最后仍需要依公司的薪酬政策制定市场基准线，纯属外部公平考虑。此基准线会同时影响职务基准性薪资、绩效基准性薪资、技能基准性薪资的制定，故 Mahoney（1989）认为保健要素与职务要素、绩效要素、技能要素已非同一个层面，故在核薪基础上以职务基准性薪资、绩效基准性薪资、技能基准性薪资三项，作为薪资制度方案设计的基础，加以探讨，分别叙述于下：

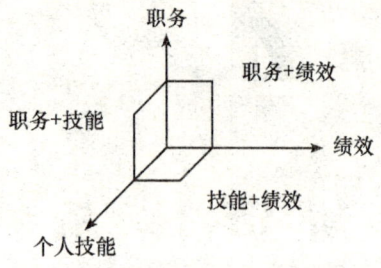

图4—1　薪资给付基础的三个层面
资料来源：Mahoney（1989）

	技能基准性薪资	绩效基准性薪资
高	核薪基础：教育、经验、专业技术 支持理论：学习理论、组织变革理论 主要功能：训练、教育、发展 公司导向：研发导向	核薪基础：工作绩效 支持理论：期望理论、代理理论 主要功能：绩效评估 公司导向：营销导向
任务产出变异性	保健基准性薪资	职务基准性薪资
低	核薪基础：物价、生活水平、市场薪资 支持理论：公平理论（外部公平） 主要功能：薪资调查 公司导向：行政支持导向	核薪基础：职务的相对价值 支持理论：公平理论（内部公平） 主要功能：工作分析、职务评价 公司导向：生产导向
	低　　　　　任务价值分析性　　　　　高	

图4—2　薪资设计两层面情境模式
资料来源：诸承明（1995）

（一）职务基准性薪资（job-based）

所谓职务基准性薪资乃是组织基于内部公平性考虑，由工作的性质、难易程度、责任大小来决定其相对价值，作为薪资设计的基准，此种观念的启迪，职阶制或职务薪给制的研究于是逐渐开展，日本在1949年由十条制纸公司引进了职阶薪给制，1952年引进了职务薪给制；在美国，Gupta & Jenkins（1991）发表的一篇职务要素综合评论中指出，早在1861年前，美国参议院为确保薪资内部公平性，即通过决议将职务分类以决定其薪资，19世纪末期，由政府部门率先采用职务评价系统，至于民间企业也于第二次世界大战前后开始引进。1955年以后，在日本职务薪资争论更加活跃，对于能力的提高→高度工作的完成→高薪资的概念，已受到日本经营管理当局与从业人员两方面的肯定，同时增加了同工同酬的薪资管理概念。到了20世纪70年代中期，职务评价系统的使用在美国企业界中大约已占有 75% 的比例，可见以职务为基础的薪资设计模式运用情况已相当普遍。

职务基准性薪资的理论基础是组织行为学中的公平理论（equity theory），所指的是内部公平性。所谓公平理论指的是员工会拿自己对工作的付出与报偿跟其他员工的付出与报偿做一比较，并会试图修正其中不公平的状态（Robbins, 1992），并对于被优待的程度有较高的容忍度，被亏待的容忍度则较低。个人会对自己的工作投入与获得回馈的比率做一个衡量，并会与他人所得相比较，这是基于公平的要求之故，虽然这种以职务评价为基础的薪资制度可使工作价值透过客观的系统性分析决定。传统上，根据职务的相对价值给予公平的薪资也是薪资管理的重要目标之一（诸承明，1995）。此为企业建立公平薪资制度所应用的科学管理方法，它是就工作责任、繁简难易、所需技能、作业环境等因素，详加比较衡量，确定其相对价值，评定适当等级，用以决定公平合理的薪资制度，以实现同工同酬的理想。运用工作评价或职位分类方法以建立完整合理的薪资制度，职务基准性薪资的内容应包括职务薪资、效率薪资等以职务因素来决定的薪资（陈文光，1990）。

但近年来其在公平性方面也受到许多学者的批判，如 Kanter（1968）认为职位、阶层并不能代表员工对公司的贡献。Cupta & Jenkins（1991）认为以工作为基准的薪资制度，因工作评点因素易造成身份的差别待遇，工作的评量只是反映传统上认为的工作特质，并非实际的贡献度，且当组织形态为扁平化设计（flat design）、团队性设计（team-based design）及强调质量因素等创新性组织时，职务评价的方式并不见得适合使用。Lawer（1967）也指出，以职务评价为基础的薪资制度起源于官僚组织的管理观点较缺乏弹性，因此，在传统大量生产的公司较为适用，不适用在强调组织变革的现代化组织。

Madigan & Hoover（1986）的研究显示，职务评价所建立的职务价值与公平性随着评估方法不同而产生变化。主要原因是由于职业类别的不同，或是各部门分别进行评价，导致同一职务类群内的公平性较佳，而类群间的公平性不足。Weiner（1991）进一步将职务评价的缺失分为四种：（1）结构格式上的不一致，导致类群间的职务评价结果难以整合；（2）因素重叠，导致不同的可报酬因素却具有相同意义，在评估时重复计分；（3）受到组织层级的影响，层级较高的职务给予较高的评价，产生循环性解释的弊病；（4）性别偏差，忽视女性专长职务所应具有的价值因素。

不过，工作评价方法毕竟比一般未经分析与臆断的个人意见要合乎科学原则。工作评价至少已在组织的各种工作间建立了科学的基础。由于工作条件的不同，工作评价很难建立绝对的评价标准，但至少已在工作间做到论工计酬、以点核薪的理想。工作评价方法可使用计量，使工作条件数量化，用统计方法加以计算与校正。

虽然职务评价有这些缺失，但不可讳言的，它仍是维持薪资公平的方法之一，在许多情况下仍是相当合理的给付基础，只不过在实施时要稍加修改，并配合其他方法（Weiner, 1991; Gupta & Jenkins, 1991）。但值得注意的是，职务评价只站在公司内部的立场上来评估职务本身的价值，至于外在环境、个人因素，以及员工额外努力等，则非职务评价的考虑重点。唯就国内企业而言，职务基准性薪资所受的重视程度仍为最高（曾铭传，1987；李德玲，1992；诸承明，1995），即可为佐证。

（二）绩效基准性薪资（performance-based）

以绩效为基准的薪资设计，除了要考虑公平性及个人不同的需求外，此种薪资模式也提供了适当的激励作用，此种弹性报偿制度虽可能会提高公司的成本负担，但所带来的利益却可能远大于成本，增强员工的学习动机与照顾到个别的需求，无形中激励了员工努力工作以继续留任在公司，同时也增加员工对公司的向心力，希望公司能永续经营，自然而然公司的目标也会是员工的目标。David & Robbins（1999）认为薪资的给付应根据员工对组织的实质贡献（contribution）而定，只有展现出绩效，报偿制度才是联结员工目标与组织目标的一环。在诸承明（1995）的博士论文中引用 Kanter 在 1981 年所引述的一份调查报告显示，有高达 90％的公司认为绩效是决定员工薪资的重要因素，而内部公平性却只获得 63％的比例，落居第二位，所以 Kanter 在设计薪资时，建议采取绩效给付薪资（pay for performance）的观念。此种以绩效作为薪资衡量的基准报酬制度，乃应用了 Vroom（1964）所提出的期望理论（expectancy theory）。

所谓的期望理论是假定人是理性的动物，其采取的某种行为动机，是基于他对期望程度的多寡，认为他这么做可以得到某种可喜且吸引人的结果，这种期望高低则是由奖酬吸引力（attractiveness）、绩效与奖酬的联结性（peformance-reward linkage）、努力与绩效的联结性（effort-preformance linkage）三项因素所决定（Robbins, 1992；丘宏昌，1997）。另外，也有学者认为，如果遗忘环境因素对工作绩效的影响是无法解释工作现场中的复杂工作绩效现象，并提出三个工作绩效影响因素，分别为能力、意愿与机会等，表示其对工作绩效的影响，如图 4—3 所示。

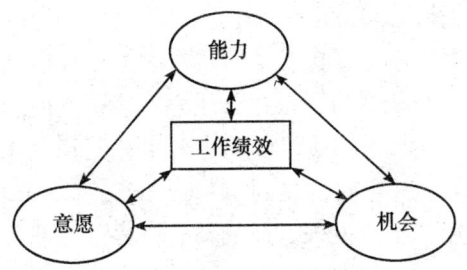

图 4—3 工作绩效影响因素
资料来源：叶锡明（1998）

因此，如要使激励作用发挥至最大，则应让员工了解绩效与奖酬相互联结的关系。工作绩效影响因素除了期望理论之外，近几年来有许多学者在研究组织激励的目的与作用中尝试以代理理论（agency theory）的观点来探讨，如 Larcher & Weigelt（1993）等。因为从代理理论的观点来看，组织是由委托人（principal）及代理人（agent）所组成，其中委托人提供资金，赚取公司利润，代理人则以提供劳务来换取薪资报酬。

委托人（principal）及代理人（agent）其利益常常不一致，代理人通常可能在基于自私的前提下，采取某些有利于自己的行为，但是此种行为却有损组织或委托人的行为（Kotowitz, 1998）。因此，代理理论的学者如 Demski & Feltham（1978）、Eisenhardt（1988）主张企业如为克服代理问题，可能以采取增加信息上的投资，严格监督员工（代理人）的行为及采取代理人的产出作为薪资契约的基础等两种途径，而此种主张是使企业主在符合自身利益的基础上采取的决策与行动，而绩效基准性薪资将是很好的选择。

虽然，在各种不同的激励理论（期望理论、代理理论、公平理论）之下，强调采取绩效基准性薪资将使员工获得较佳的绩效，而根据许多学者（Dyer & Theriauly, 1978; Hill, 1988; Greenberg, 1998）实证研究表明，此种模式对于绩效及鼓励优秀员工留任、员工满足感均有正面影响，但是这并非表示此种薪资设计模式完全没有任何缺点（Rollins, 1987；丘宏昌，1997）。认为绩效基准性薪资仍有一些缺点，如绩效基准的酬偿制度是属于外在奖励，如此将会削弱工作的内在激励，易流于主观的个人因素，企业易因预算限制，使得绩效基准制的酬偿无法落实，使团队工作建立不易，形成不必要的竞争等缺点。因此，当员工的工作产出具有可确认性，且与工作执行的结果有合理的相依关系存在时，则该工作适用以绩效基准性薪资作为薪资设计模式。

（三）技能基准性薪资（skill-based）

以技能为基准的薪资制度是以员工所具有的工作技能来报偿员工，其基本观念乃是以员工所拥有的技能数量、教育、能力等某些范围的组合下，给予员工不同的薪资。技能基准性薪资在过去几年间已愈来愈受管理人的重视，称之为技能基础（skill-based）或知识基础的给付（knowledge-based）。由 Barrett（1991）所列举的四项特点之第二项可发现，技能基准性薪资的理论基础为人格心理学五大学派之一的行为学派之增强理论（reinforcement theory）。从学习理论的观点来说，组织希望员工在专业的领域方面能提高自我学习的意愿，促使员工学习的行为能力可有效地执行任务。而 Skinner（1969）的操作制约理论认为，当反应能带来行为者所喜好的结果（刺激），则此行为尔后出现的频率将因此增加。

虽然，从增强理论、学习理论与操作制约理论的理论观点来看，技能基准性薪资可扩展诱因以增进知识技能，增进组织用人的弹性与激发较高质量的生产水平，但是就公平性及对组织的贡献度而言，技能基准性薪资就存有再商榷的空间，因为如单纯以技能数量的多寡来决定薪资，而不考虑该技能是否能应用于该工作者实际工作中，这对组织发展及员工的心理是否存有负面的影响？还有，员工在接受教育训练及管理发展的机会是否均等也是令人质疑的地方。

通常，组织在实施技能基准性薪资前，应先考虑到公司未来的策略方向与工作特性，因为工作设计与任务特性产生的差异，也将会影响到所需技能的不同，故奖励的重点也应随之调整（Lawler & Ledford，1995；诸承明，1995）。因此，技能基准性薪资的适用情况，应在公司能提供一个完整的教育训练系统，且组织为创新或参与型的管理形态下适用，使员工即使在工作环境变化较大的情况下，也能将其所具备的技能充分发挥，增加组织的应变性，如此，员工所具备的技能才可以真正对企业的贡献度与发展有所增益。

但笔者认为，学习非本职工作上所需的技能是员工职涯发展的范畴，公司应重视并设计员工职涯发展途径，做好员工发展与职涯管理的规划，员工也应从发展途径中获得满足，此不应成为薪资设计的要素；若员工所学、所获得的技能是属本职工作上所需的技能，则应该也必须直接在工作评价中反映出其价值，已属职务基准性要素必要的一环。

综上所述，笔者认为薪资制度实际上只需要区分职务基准性薪资与绩效基准性薪资两大类就已足够（见图4—4），以评价薪与绩效薪的形态或科目表现出来。评价薪是以职务基准性要素为基础，采取工作评价的方式而得，旨在强调同工同酬的精神，做同样的工作或负同样的责任，就应拿同样的报酬，追求程序公平与内部公平，因是依该职务应该贡献的价值来评定，属公司的固定成本，也可作为标准成本的依据；绩效薪是以绩效基准性要素为基础，以平衡计分卡的绩效模式而得的奖金，旨在强调同功同酬的精神，有同样的功劳（绩效），就应拿同样的报酬，追求分配公平（个人公平），依个人的实质绩效表现给付应得的报酬，属公司的变动成本，具强烈的激励作用。

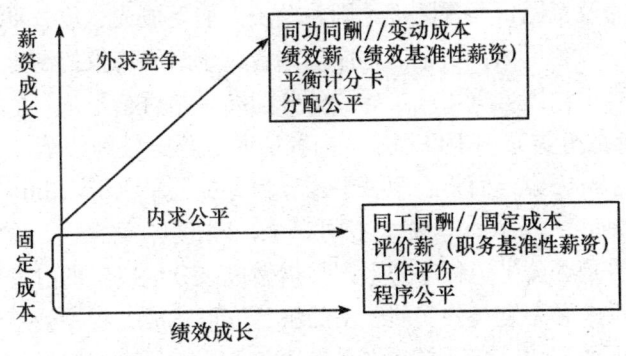

图 4—4　薪资设计要素两大层面

资料来源：黄超吾，1997

二、薪酬调整方案

在调薪基础方面，李德玲（1992）研究以个人工作绩效、教育程度，参照同业水平、服务年资、物价水平、公务员调薪等项目作为调薪基础调查项目，其中以个人工作绩效、服务年资、物价水平三项所占调薪百分比例最高，员工期望的底薪比例皆以80%以上的高底薪居多。

本节探讨薪酬给付的文献包括Mahoney（1989）的薪资给付基础层面定义（见图4—1）及诸承明（1995）薪资设计两层面情境模式（见图4—2），公平理论（Robbins，1992）、期望理论（Vroom，1964）等；但经整理后笔者认为薪酬给付制度设计实际上只需要区分职务基准性薪资与绩效基准性薪资两大类就已足够。

第二节　薪酬公平的认知

薪酬制度的诸多研究中最难的当属于制度的公平与否，因为任何管理措施的公平程度都深深影响着员工的工作满足、对管理者的信任感、同事间的关系和组织认同（Alexander & Ruderman, 1987; Balletal, 1993），但是对于什么是组织公平，学者间也有相当分歧的看法。Greenberg（1987）曾尝试以反应—预防层面，及程序—内容层面来归纳、分类各学者所提出的组织公平理论，说明如下：

（1）反应—预防层面：公平的反应理论着重于人们在感受到不公平时的各种调适或逃避行为及意图，而预防理论则着重于人们促成或达成公平的行为。

（2）程序—内容层面：公平的程序理论着重于组织决策的制定及执行过程的公平性，而内容理论则着重于决策导致的分配结果是否公平。

Greenberg 的分类架构中以程序—内容层面之分野较为明确，并得到多数学者的认同。程序—内容层面将组织公平区分为分配公平（distributive justice）及程序公平（procedure justice）两个不同观念，理论上，分配公平衡量的是某一分配的结果本身是否公平，程序公平则是指做成该分配决定的过程是否公平，再者，公平的满足未必一定是要实质公平的满足方可达成，程序公平的符合有时即可令人产生公平的感觉，特别是在许多实质公平的衡量难有定见时，程序公平的满足就会变成是最基本的要素（施能杰，1994）。

以下即针对分配公平（内部公平、外部公平、个人公平）与程序公平（薪酬公开、沟通、参与、申诉）分别说明：

一、分配公平性

传统的组织公平性的论述着重于分配公平性，也就是组织所得分配的公平（Hoff et al., 1986）。员工依据所得分配，评估他们对管理决策的公平感觉（Dailey & Kirk, 1992）。换言之，分配公平性，也就是对于由决策制定的结果的公平感觉。

分配公平性的概念包括最为人所熟知的公平理论（equity theory），另外，还有相对剥夺理论（relative deprivation theory）等，都源自于社会交换理论（social exchange theory; Blau, 1964; Adams, 1965）。公平理论是由 Adams（1965）提出的，是以社会交换理论为基础而发展起来的，它包含四个成分：

1. 工作投入：时间、心力、金钱等。
2. 工作所得：薪酬、福利、地位等。
3. 参考人物。
4. 公平—不公平。

这四个成分的含义为在社会交换关系下的人们，相信报酬应该是根据个人贡献或付出的大小来分配的（Adams，1965；Walster & Berschetd，1978），如果人们自己的付出和所得报酬的比率，与他们所比较的参考对象相同时，他们就会认为是公平的而觉得很满意；反之，当比率相差太大时，他们就会认为是不公平的而觉得不满意。

Adams 指出，当某个人感觉到自己的分配受到不公平的待遇时，会造成个人与个人间的紧张，此时个人会产生消除紧张的动机。而为了恢复心理上公平的感觉以降低紧张的程度，他可能会采取下列六种不同的行为：

1. 改变付出的水平。
2. 改变所获得的报酬。
3. 扭曲他对自己的付出与报酬的认知。
4. 扭曲他对参考对象的付出与报酬的认知。
5. 改变比较的参考对象。
6. 离开造成不公平的情境。

公平理论强调：(1) 人们对报酬的满意度是以社会比较为基础的；(2) 人们是用最少的付出成本以换取最大的报酬；(3) 他们同时也关切自己的付出和报酬的比率，是否和所比较的参考对象相同（Walster et al.，1978）。

公平理论提供一个良好的指标，说明员工非常有可能会以所得到的报酬来决定他们的满意度和表现。同时，员工不是依照报酬的绝对价值或是管理者认为的价值，而是依照员工认为自己值多少的价值来做决定。若报酬与付出相当则会有正面的效果，若与付出不相当则会引起不满意的感受并且会降低表现（Schermerhorn，1994）。

相对于公平理论强调报酬不公平的反应形式（active），Adams 共指出六种不同的逃避或避免认知不公正的行为，Leventhal（1976）则从公平的预应形式（proactive）——意图促进认知公正状态，提出公正判断模式（justice judgement model）。公正判断模式是为探讨人们采用各种公正规范下的不同情况。Leventhal（1976）提出三个结果分配的法则是：

1. 贡献或公平法则（contribution/equity rule）：报偿分配按照投入比例。
2. 需求法则（need rule）：所得报偿依照个人适当的需求。
3. 平等法则（equality rule）：每个人所收到的结果相同，不论个人投入多少。

在不同情境下，组织可能采用不同的分配法则来达成组织所决定的目标（Sheppard et al.，1992），例如，为着团体的凝聚力采用平等法则，为着个人绩效采用公平法则，为着人性尊严则采用需求法则。

故企业在薪资设计时，需同时考虑企业内外部环境的相关因素。欲维护内部公平性，则应建立工作评价系统；至于外部公平性的达成，则有赖于客观的薪资调查工作。另外，也有学者指出，薪资设计原则应兼顾具体、明确、公开、公平、弹性等原则，且需要与工作绩效密切结合（吴美莲、林俊毅，1999）；另一方面，在厘定薪资政策时应先注意建立公平合理原则（林钦荣，1999）。总而言之，薪资设计公平的重要性，是建立良好薪酬制度的重要因素。

(一) 内部公平（internal equity）

Mejia, Balkin & Cardy (1995) 认为，所谓的工作评价就是评价不同工作对于组织的贡献与相对价值的过程。它的目的是对于公司每一项工作的重要性提供一个合理、有次序、有系统的判断，最终目标是建立内部公平的薪资给付制度。至于外部公平则需要用另一套市场薪资调查制度来达成。

内部公平又称为内部一致性（internal consistency）。通常内部公平考虑的是希望能够留住公司内部优秀人才（Lawer, 1981），故先要建立组织内部员工薪资制度的公平性，也就是说必须合理地反映组织内部职务与职责的相对价值关系。而组织职位的薪资率必须能反映职位之间的差异，如技能、贡献、工作环境等。一般来说，企业薪资制度为达到内部公平这个目标，必须先做工作分析与工作评价，以决定薪资的差异。因此，在这个目标之下的薪资决策就是要建立薪资结构（pay structure），如工作分析（job analysis）与工作结构的设计（job structure），组织所要进行的活动包括工作分析、工作说明书（job description）及工作评价（job evaluation）。工作评价的方法通常有两种：一种是量化的方法，以工作因素来评估，诸如因素比较法、评分法；一种是非量化的方法，以工作整体来评估，诸如排列法、分类法。

内部公平也会直接影响报偿公平与合法的目标。影响内部薪资结构的因素包含社会习俗、经济压力、组织因素（产品科技限制、人力资源政策等）、工作需求、员工背景与素质、员工的期望。内部薪资结构包含有薪率的数目、薪资隔差与给付标准（职务或技能）。忽略内部一致性会导致员工不愿改善产品质量及负担更多责任。

Brien & Zawacki (1985) 认为，维护内部公平性应建立工作评价系统；而外部公平性的达成则有赖于客观的薪资调查工作，并在政策上决定对内部公平的重视即贯彻程度。

(二）外部公平（external equity）

就组织而言，组织所支付的薪资水平应与外部就业市场之一般行情相当，为达到外部公平，应进行薪资调查，以了解市场行情；就员工而言，员工会考虑生活水平、社会环境、政府政策及同业水平等组织外因素，来衡量本身的薪资水平。

外部公平性的考虑系指企业在规划其报偿系统时，必须先考虑它与同产业、同规模竞争者间，组织内部薪资水平与外部劳动力市场薪资水平的平衡性。在这方面的考虑，一般企业有薪资领导政策（pay leader）、薪资中位政策（match）及薪资落后政策（pay lag）三种策略的选择。但公司的薪资水平相对于外部竞争公司而言该处于何种水平才适当？它与吸引和留住员工有关，但在定位薪资水平时也需考虑成本，以确保公司的产品或服务具有竞争性。

(三）个人公平（individual equity）

就组织而言，个人公平是指雇主给付员工薪资，应以个人的绩效为依据（吴美莲、林俊毅，1999）。换言之，个人公平是指在组织内，做相同的工作，或相等的条件下，员工的薪资是否有差异。组织在决定薪酬差异时，首先是透过绩效考评作业来评估个人绩效，其次需考虑比较工作价值及年资、经验、人际关系、发展潜力、教育程度等。所以，为达到个人公平，组织内部应有合理的绩效考核制度及薪酬评价制度，以使薪酬的决定与员工绩效或产出能够结合。

就员工而言，个人公平是指员工会考虑自身的年资、经验、学历与工作潜力等因素，与组织内具有相同条件的员工作比较。同时，员工也会考虑组织过去的绩效及对薪资给付的能力，来衡量本身的薪资。

故薪资水平应与员工的年资及绩效等对应，为达成个人公平，组织应有一个合理的绩效考核制度，并在政策上决定薪资与绩效的合理关系。

二、程序公平性（procedural justice）

分配的公平焦点为结果分配，对组织处理方式的解释力不足，尤其是薪资方案管理、争议处理的遵循方式等，实际应更关切公正分配的过程，即重点为决策如何做，而不是做什么决策（Greenberg，1990），因此，就开始有程序公正的研究。程序公平性知觉是根据用来制定分配决策的过程（Folger & Greenberg，1985），换言之，程序公平性着重于手段（means）而不是目的（ends）。

林淑姬（1994）也指出，薪酬管理学者虽将公平视为重要议题，但较多强调外部公平、内部公平及个人公平，如 Folger & Konovsky（1989）的研究指出，分配公平性对薪资满足较有解释力,对于程序面则并未予以特别重视(Mohoney, 1982)。Waullace & Fay (1988) 则正式引用程序公平(process equity),主张薪酬制度基本上应追求外部、内部、个人及程序四种公平。

1. 外部公平(external equity):薪酬水平应反映员工在就业市场中的价值。
2. 内部公平(internal equity):薪酬水平应反映员工的工作责任、困难度及所应具备的知识、技能等。
3. 个人公平(individual equity):薪酬水平应反映员工的努力及绩效等。
4. 程序公平:薪酬决策程序应力求公平。

林淑姬(1992)根据 Leventhal (1980) 的分类,认为要做到程序公平,组织应在政策上考虑下列因素:公开(openness)、沟通(communication)、参与(participation)及申诉(appeal)等。

（一）薪酬公开

组织应将有关薪酬决策的信息,做适度开放。薪酬公开可提高员工对薪酬认知的确实性及对薪酬制度的信任程度(Lawler, 1972;Milkovich & Anderson, 1972;Utrell, 1978)。薪资公开具有 Leventhal (1980) 所提出的告知基本法则及监察两个作用,可使员工获知有关薪资分配决策的信息,并可据以确保组织在分配薪资时能符合一致性及避免偏误原则。

（二）薪酬沟通

组织不但要将有关薪酬制度的信息确实传达给员工,还要主动向员工搜集有关薪酬的认知、偏好等信息,以确保薪酬制度能有效满足员工需要,并能提高员工对薪酬制度的信任及认同(Wallace & Fay, 1988)。组织不但能依据这些信息来改进薪酬制度,而信息收集本身更是程序公平中的要领。

（三）员工参与

组织应让员工适度参与薪酬制度的设计及执行,参与可使员工获得较多信息,对薪酬结果有较大影响力并对薪酬制度有较高承诺感,并提高员工对薪酬制度的评价与信任(Lawler, 1981)。Lawler & Jenkins (1981) 通过实地研究发现,在推行员工参与设计的薪酬制度后,员工对于薪酬及薪酬制度的满意程度、对管理者的信任度等均显著提高。

（四）员工申诉

组织应建立正式的申诉渠道,让员工能表达对薪酬的异议及不满,并能达到防微杜渐的效果(Spencer, 1986)。建立申诉渠道,使下情能上达,不但能满足员工需要,更能提高员工对程序公平的认知及对薪酬制度的肯定,因申诉具有监察的角色，能促使薪酬的决策符合避免偏误及修正等原则（Leventhal，1980）。

综上所述，在薪酬设计方案中职务基准性薪资（job-based pay）系指组织基于内部公平性考虑，以公司内各项职务的相对价值为基准所设计的薪酬。绩效基准性薪资（performance-based pay）系指组织基于激励员工努力之个人公平性考虑，以员工的绩效表现为基准所设计的薪酬。至于外部公平性考虑是基于公司整体劳动力市场竞争力层面的考虑，与采用何种薪酬设计基准要素无关。

第三节 薪资满足

薪资满足指员工对薪资水平、调薪、年终奖金等的满意程度。许多学者尝试分析薪资设计与管理方式，对于组织效能可能产生的各种影响（Gerhart & Milkovich，1990；蔡玲玉，1989；李德玲，1992），也有许多学者将焦点设计在非财务性的各种效能指标上。Gomex-Mejia & Balkin（1989）的研究即采取薪资满足感、退缩认知、团队绩效与个人绩效四项指标。

至于 Kahn & Sherer（1990）则以员工个人绩效为分析对象。蔡玲玉（1989）的研究，以纺织企业员工为对象进行调查，并采取薪资满足感及劳资关系气氛两项指标加以分析，结果发现叙薪基础、薪资水平与结构，以及员工参与薪资管理三项层面对员工薪资满足感有非常密切的关系。

而李德玲（1989）则采取薪资满足与工作投入两项效能指标进行研究，结果发现无论是薪资组合、薪资给付依据、底薪占薪资总额比例、福利制度、调薪基础，或是调薪幅度等因素，均对薪资满足与工作投入有显著的相关性；林淑姬（1992）验证员工的薪酬公平、程序公正认知与员工薪酬满足、组织承诺等之关系，结果发现薪酬公平及程序公正认知与员工薪酬满足、组织承诺成正相关，薪酬公平与员工工作绩效呈正相关。诸承明（1995）指出四项薪资设计要素得分对于员工态度（薪资满足感、组织承诺、工作投入）都有显著的正相关。

依据 Lawler（1971）的薪酬满足模式，其以个人"所知觉应得薪酬"与"所知觉实得到薪酬"之差异表示薪资满足，此模式将个人特征年龄、教育等作为影响薪资满足的前因变项，另有关个人特征与薪资满足的实证研究上，说明如下：

一、性别与薪资满足

Morse（1953）、Hulin（1964）认为女性的薪资满足较男性高，徐正光

(1977)、陈森壬与黄国隆（1982）也有同样的发现，而黄思明（1978）、叶清泉（1994）的研究则显示相反的结果，曾铭传（1987）、林振发（1995）发现无显著相关。

二、年龄与薪资满足

Morse（1953）研究发现年龄长者其薪资满足感较低，此可能意味着年龄长者对薪资期望较高之故。在国内的研究中，大多数研究者指出年龄与薪资满足呈正相关（曾铭传，1987；胡宏方，1993；叶清泉，1994），徐正光（1977）的研究发现高龄组的满足感较低；林振发（1995）以制造业的高级主管为研究对象，发现年龄对直接财务报酬的满意度有显著差异，其中以26～35岁的满意度最高，25岁以下的满意度最低。

三、婚姻状况与薪资满足

一般的研究大多发现已婚者的薪资满足较高（徐正光，1977；胡宏方，1993）；曾铭传（1987）、叶清泉（1994）则发现无显著相关。

四、学历与薪资满足

Lawler（1971）、徐正光（1977）皆发现学历高者，薪资满足感较低；林振发（1995）发现高级主管的学历对直接财务报酬的满足感有显著差异，其中以高中以下的满意度最高，其次是硕士以上，再次是大学，专科最低。曾铭传（1987）、胡宏方（1993）、叶清泉（1994）未发现两者有显著关系。

五、职位与薪资满足

曾铭传（1987）、叶清泉（1994）发现职位和薪资满足呈正相关，这是因为职位高的人一般薪资也较高；Lawler（1971）、商富华（1980）则发现呈负相关。

Scholl et al.（1987）研究指出，薪酬满足程度符合内在标准及外部公平对留职意愿有显著预测力，而内部公平则对角色外行为有显著预测力。Greenberg（1982）认为组织的公平通常会影响到组织的分配（organization distribution），如工作满意度及工作绩效。除了以上学者提到分配公平、程序公平认知与工作满意度及薪资满意度的相关研究外，尚有Alexander & Ruderman（1987）、Folger & Konvsky（1989）及Tang & Sarsfield-Baldwin（1996）均有类似的发现。

薪资对于任一企业而言，其设计都是极为重要的工作，因为它具有诱导员工顺从与激励员工行为的多种功能。在理论上，薪资若以 Maslow 的需求层次理论来说，是一种属于低层次的需求，而以 Herzberg 的双因子动机理论来看，则是一种不具激励作用的保健因素。但许多理论或研究结果都指出，员工将薪资视为非常重要的工作属性（Mahoney & Jones, 1985；Ronan, 1970；Hinrichs, 1969）。

薪资不仅能激励员工工作表现，同时对于薪资不满往往会引起不良的工作反应，如影响工作绩效、造成怠工、缺勤与工作不满等（Lawler, 1971），而且是引起员工离职意愿的重要因素（Ronan, 1969；Ronan & Otgant, 1973；Motowidlo, 1982）。王怡尧（1998）指出有效的薪酬制度是企业与员工之间的沟通工具及行为改变的诱因。薪酬制度的完善与否，影响着员工的满足感及其工作绩效，不佳的薪酬制度将会造成员工在薪资上的不满足感，而逐渐发展到有迟到、早退、刻意回避主管及工作情绪低落的现象，甚至会有离职的结果。湛瑄宇（2000）的研究则显示，组织在设计薪资制度时，必须注重员工在程序公平和分配公平性感觉、员工所期望的薪资、奖金是否足够以及员工的成就动机，以提高员工的薪资满足感，进而使员工在工作上得到满足，并且降低离职倾向。但 Kraut（1975）及 Mobley et al.（1978）等人的研究显示薪资满足与离职倾向无显著关系。Price（1977）的研究显示薪资满足与离职倾向呈负相关。

总而言之，薪酬是员工为企业付出心力的动机。对多数员工来说，正如同层级需求理论所述，生理与安全是员工最直接的需求，金钱不仅能满足其低层次的生理需求，在追求身份、地位及权力的高层次需求时也扮演着重要的辅助角色，所以，企业主必须确切了解员工对薪酬的满意程度，以发挥最好的激励效果。

第5章

工作设计

第一节 工作分析

所谓工作分析（job analysis）即将企业中各项工作的内容、责任、性质以及员工所应具备的基本条件，包括知识、能力、责任感与技术等加以研究、分析的过程，又称职务分析。工作分析的结果要做成书面记录，作为人力资源管理的依据。故在执行工作分析之前企业即先要做好流程再造、流程改善，并将所有的作业流程标准化，再以改造过后的标准作业流程（SOP）（见图5—1）去做工作分析才能事半功倍。

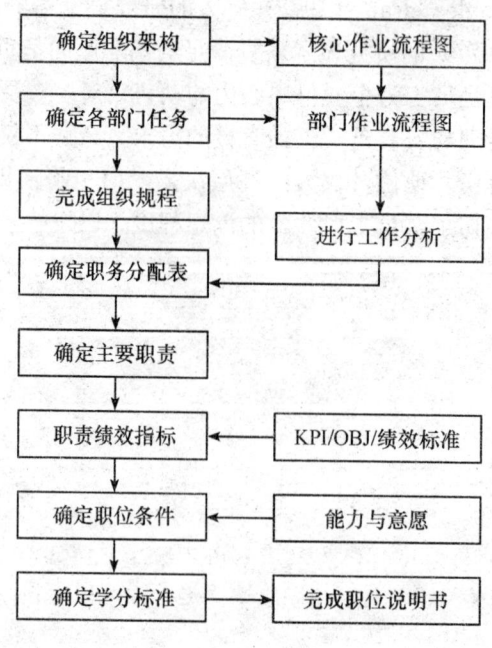

图5—1 工作设计流程

Ernest J. McCormick（1979）认为：工作分析是获取有关工作的信息的过程（the process of obtaining information about jobs）。

Jai V. Ghorpade（1987）采用 Ghorpade and Atchison（1980）的说法，认为工作分析是组织的一种管理活动，就是对工作做数据的收集、分析。

Elmer H. Burack & Nicholas J. Mathys（1987）指出工作分析就是工作者圆满完成此项工作情况下，决定其主要相关工作行为、责任、技术和经验。

Muchinsky（1990）将工作分析定义为：一种有助于辨认工作的效标或绩效层面的程序（a procedure useful in identifying the criteria or performance dimensions of a job）。

陈明汉（1992）认为工作分析乃是对某项工作，就其有关内容与责任的资料，予以收集及研究、分析的程序。

何永福和杨国安（1993）认为工作分析就是在以科学和有系统的方法，决定一项工作所应包含的工作项目，以及从事此项工作的必要知识、技术和能力，是人事管理业务的基础性作业。

James P. Clifford（1994）指出工作分析就是对这项工作定义其活动、服务、产品、服务的过程。

吴复新（1996）认为工作分析是一种有系统地收集、分析有关工作的信息，并且就工作内容（即活动与行为）、job context（即环境的需求）以及工作条件（即知识、技能或能力）予以清楚描述的途径（approach）与过程（process）。

综上可知，工作分析即是针对某项工作内容和责任，有系统地收集、分析与工作有关的信息，描述清楚其工作项目，以及从事此项工作的必须知识、技术和能力。所以说工作分析的结果，其书面数据为工作说明书（job description）与工作规范（job specification）；而工作说明书（job description）和工作规范（job specification）更是人力资源管理功能的基础。

为了有效地执行工作分析，诸多学者提出了工作分析的基本原则：

1. 工作分析就是一个沟通的过程，以确认组织的任务已完全分解成每一个职位的职责。

2. 有关工作的每一件事情都要记录下来，而所有的工作都是可以被分析和记录的。

3. 以一种普遍的语言为沟通的媒介，必须驱除暧昧、遗漏或不正确的字眼。

4. 对技术、知识、能力做操作性定义。

5. 工作分析可以成为所有人力资源管理决策的基础。

一、工作分析的用途

Elmer H. Burack & Nicholas J. Mathys（1987）认为组织需要做工作分析的理由有很多，在此，可将工作分析的目的分别做叙述如下：

1. 工作分析可以厘清工作关系。
2. 工作分析是管理者建立工作评价的基础。
3. 工作分析使人力资源管理活动更加便利，如：招募、训练……

陈明汉（1992）认为，企业为能在科学的基础上雇用工作人员，就必须对工作人员的素质先行制定标准，而为了建立人员的素质标准，就必须对工作职务与责任加以研究。工作分析成果乃是撰写"工作说明书"及"工作规范"，此项数据在人事管理上有下列用途：

1. 在编写人力计划时，可了解业务上所需人员的条件。
2. 在征雇人才时，可了解各职位所需人员的资格。
3. 在核定薪资等级时，可按工作职责繁简核定其薪资的高低。
4. 在训练发展人员时，可依据工作上所需的能力加以培养。
5. 在考评工作人员绩效时，可依据工作上的要求绩效评定等级。

James P. Clifford（1994）提出工作分析的用途有：

1. 招募与雇用：工作分析不只是定义主要职务，而且要定义那些职务所需要的技术水准。招募和雇用程序可以依据要求的技术来设计明确的审核标准。
2. 训练与发展：工作分析可明确地为每种工作建立需要的技术水准。这有助于训练计划的发展，并可以集合有类似职务的工作者一起加以训练。
3. 薪资：工作分析可以作为薪资的指标。虽然，工作职务可能会变动，但并不意味技术也会改变，所以薪资不会变；若是主要职务有变动，当然薪资也会跟着调整。
4. 劳动力的规划与运用：工作分析会定义职务所需的技术水准，管理阶层促雇主办理训练，并观察工作变动来预测组织人力的变化。

Gary Dessler 认为工作分析所产生的数据可用来作为各种相关人事管理活动的基础（张纬良，1996）。

1. 招募与甄选：工作分析提供有关工作活动的内容，以及完成这些活动所需的人力条件。这种对工作的描述以及工作规范数据，就是用来决定需要招募或雇用的基础。
2. 工作评价（报酬）：为评估每项工作的价值制定适当的报酬，需对每项工作任务有透彻的了解。这是因为报酬常与工作所需的技术、教育水平、安全灾害等有密切的关联，所有的因素都可以透过工作分析而加以确认。

3. 绩效评估：绩效评估是指将每位员工的实际表现与事先设定的目标加以比较，透过工作分析可提供工业工程师与人事管理专家制定所要执行的活动，以及这些活动应达到的标准。

4. 训练：因为工作分析与其所产生的工作说明书可以显示出必要的技术，因而该提供什么样的训练。

5. 工作职责的完整分配：工作分析也可以使组织内所有必须的工作都被指配给特定的职位或个人，因而没有"漏网之鱼"。

二、工作分析的步骤

1. 搜集背景资料：搜集最新的组织图、以前的各种作业流程图、工作说明书、工作规范、ISO 数据等。确定需求与用途：工作分析的目的是什么？将要作何种用途？

2. 访谈 CEO：了解 CEO 的想法与确认组织变革、流程改造的可能性与范围界限，并说明工作分析的方法与作业流程。

3. 确定目标：其作业在对工作分析提出一个主要方向，借此可以确定资料收集的内容和工作分析的方法，以及负责工作分析的人员。

4. 搜集资料：使用职务分配表对照标准作业流程图；依选定的工作分析的方法，如：观察法、问卷法等，搜集资料。

5. 进行分析：依照所搜集到的资料进行工作分析。

6. 编制工作说明书：撰写成工作说明书（job description）。

7. 编制工作规范：撰写成工作规范（job specification）。

8. 编制职位说明书：将工作说明书与工作规范合并成职位说明书。

三、工作分析的方法

传统的工作分析方法有：
1. 查阅以前所做的工作分析。
2. 问卷法。
3. 观察法。
4. 面谈法。
5. 工作日志法。

6. 单位主管会议法。

7. 紧要事件法。

新的工作分析方法有：

1. 重大事件法（critical incident approach）。

2. 加注行为评等尺度（behaviorally anchored rating scales，BARS）。

3. 管理职位的层面（dimensions of managerial positions，DMP）。

4. 职位分析问卷（position analysis questionnaire）。

5. 职能工作分析（functional job analysis）。

较常用的工作分析方法有：

1. 面谈法

James P. Clifford（1994）指出运用面谈法是假定在职者（incumbents）对其自己的工作最熟悉、最清楚其责任范围。但也有可能在职者对这工作并没有全面的了解，此时要借助此工作的监督者，进行工作面谈。若是有许多相似的工作，不需要将所有相似工作的在职者皆要初次面谈，只要三四人即可，并输入计算机以便根据研究者的经验和认知做修正。

另外，要给在职者两次以上的机会，让他们对其工作提供更多的信息。若研究者不知在职者所述说的内容，务必要澄清、明确，并且要对专门术语解释清楚。研究者与在职者面谈完后，要请其上司将面谈后的资料浏览一次，并确定这些资料是否反映出在职者所从事的工作内容，和在职者是否有从事他们应该做的工作。在编辑这些数据之后，再请在职者核对一次，其用意有二：一是给在职者最后的机会，二是额外获取信息。

面谈法也有一些难以克服的缺点：

（1）在职工作者常会产生多一事不如少一事的抗拒心态，将会影响他对工作所作的陈述。

（2）纵使是配合度很高的员工，也可能会在工作陈述的过程中遗忘许多重要的细节，或是比较容易特别去强调刚发生的事件。

（3）或许员工的表达能力不能够使他们很清楚地陈述。

（4）面谈法只能找出目前在做的事，但是否还有很多该做的事没做，或做了不该做的事不得而知，除非面谈者能完全了解该组织的横向与纵向的分工及授权。

2. 观察法（observation）

观察法的运用是为对所分析的工作获得真实了解，分析人员可到工厂实地观察（陈明汉，1992）。而且，何永福和杨国安（1993）认为直接观察工作者在工作时的行为是最客观的，不过观察者需接受专业训练，才能注意到重要的行为。所以观察者在观察时，必须要注意工作分析要素是什么、如何做、为何做，以及工作中所包含的技术，来探求工作的内容。但观察法通常适用于一些较少变化而有动作性的工作，一般生产性的工作均属此类。

H. T. Graham & R. Bennett（1995）认为观察法的缺点有：

（1）技巧娴熟的工作者会使工作看起来较容易。

（2）没有经验的工作者可以使工作看起来很困难。

（3）工作者的心灵历程并非显露于外。

（4）有些操作工作过于快速或过于烦琐，除非是运用照片或影片，否则不易观察。

（5）观察者的专业难以涵盖所有的专业领域，致使观察法在执行上困难重重。

3. 问卷法（questionnaire）

由分析人员制作工作分析问卷，问卷中包括工作内容、职责程序、使用材料与设备，以及工作上所需的知识能力等事项。

问卷法的缺点有：

（1）问卷的设计是一大难题，若采用开放式的问题，担心填答者描述事件的语义不清；若采用结构式的选项，又易产生诱导作用，降低问卷的信度与效度。

（2）问卷的匿名与否：Douglas E. Pine（1995）认为个人化的问卷可增加问卷的回答率，但匿名的问卷其可信度很难掌握。

4. 工作日志法

最好是应用在经理人员与事务性人员的工作分析上，由工作人员详细地记录他们在一个月内中每天所进行的活动，然后对这些日志进行分析，可以得知这个工作所应担负的职责及其进行的次数。但工作者可能常会忘了随时地记录各项活动，而直到接近下班时间之时才回想一整天中所从事的活动，所以有可能不十分准确（Graham & Bennett，1995）。

综观上述所有调查方法，无论使用何种方法，或是混合使用数种方法，都有其优劣点。例如，在有限的人力与经费之下大量采用面谈法似乎有些困难，若机构中工作件数较少或是调查对象为知识较少的员工，则问卷法似乎较不适宜。虽然有些方法实施的结果比其他方法优，但谁也不敢保证所搜集的资料完整无缺和正确无误，此种工作的成功大都依靠企业外部顾问公司的专家团队协助。

第二节　工作说明书

要能成功地实施工作评价，工作分析人员对于欲评价工作的职务、责任以及需求等方面就必须有一个正确的说明。因为工作评价是确定各种工作之间相对价值的一种方法，如果欲评价的工作没有一个正确的说明和清楚的定义，则评价人员在评价工作时将无所依据，对各种工作将没有一个清楚的概念，对各种工作的价值判断也无法得一致的结果（蔡宪六，1974）。工作说明书是经由工作分析之后所产生的一个正式书面报告，简言之，就是一个叙述工作职务、责任、环境的成文报告。

一、工作说明书（job description）的定义

Mejia & Balkin & Cardy（1995）认为工作说明书是工作分析过程中所搜集信息的摘要描述，为一份书面文件，确认、定义与描述工作任务、职责、工作状况与规范要求。

依 Mejia & Balkin & Cardy 的说法，似乎将工作说明书与工作规范书合并在一起，认为没有将其分开的必要。关于此点各家说法不一，有的人认为工作说明书与工作规范书应该分开，有的人认为工作说明书与工作规范其实没有分开的必要，我们可由各家对工作说明与工作规范的定义，以及各家认为工作说明所应包含的项目看出各家不同的观点。

Grant（1989）认为工作说明书是一种书面文件，它清楚地描述一个员工在组织中做些什么，它告诉读者，该工作的全貌，包含员工工作的信息，但是它着重在刻画职责（responsibilities）方面。

段樵（1982）认为，工作说明书是工作分析的具体成果之一，乃是以书面陈述某一工作的从业者实际上做什么、如何做以及为什么做，但是，它必须包括的项目与描述的详略，并无绝对的标准可言，工作的性质与工作说明书的最终用途都对他们有影响。

Lanham（1955）认为工作说明书包含三个部分：一为工作事实的识别，二为工作的简短摘要和执行工作时的整个责任、职务，三为圆满执行工作所要求的规范或资格和其工作环境。

Otis & Leukart（1954）则认为，工作说明书通常是有关一件工作或一个职位的作用、任务、方法、工作环境、所用的设备和物料或其他事实的书面

说明。

陈新萌（1961）则认为，工作说明书是将一个职位的工作予以扼要而适当地叙述，供作为工作评价建立薪资制度，以及考选、升迁、训练等人事处理的依据，其内容以工作性质、责任、职务、工作环境，以及工作人员所需的资格条件为主。

由以上各家的说法可知，工作说明书是：
1. 工作设计的模型。
2. 一份记录工作事实的书面文件。
3. 为一工作计划，显示出工作的方向。
4. 是角色的规范。若工作者所从事的工作非组织所期望的，则不予记述。
5. 着重对任务、职责的描述。
6. 和工作说明书有关的是职位，而非个人。
7. 描述人力资源的投资。
8. 有些学者认为工作说明书也应包含工作环境与工作人员所需资格条件。

二、工作说明书的内容

由前面的定义可以看出各家对工作说明书的范围有所差异，此种差异反应在工作说明书上就是工作说明书的内容，有些学者认为工作说明书的内容应该包含一些规范描述，有些学者则持否定意见。兹举下列各家说法作一比较：

Dessler认为工作说明书中的内容应包含有（张纬良，1996）：

1. 工作识别：包含有第一种工作职称，指该职位拥有者的职务头衔。第二种工作身份，说明此项工作是属于豁免性或非豁免性（美国劳工基准法中的规定加班时给最低工作的限制）。第三种工作编号，可使该工作相关的数据易于管理和查询。其他如：工作薪资与薪资幅度的数据、分类或等级。

2. 工作摘要：描述工作的一般性质，只需要列出其主要的功能与活动即可。应尽量避免一般性的叙述，如在必要时执行所指派的其他工作。这种字眼给了其上司很大的权限来任意指派工作，同时会造成工作的不确定性，而影响适任人才的决定。

3. 工作关系：指在职者与组织内外其他人接触的关系。

4. 职务责任：列出工作的实际职责（responsibility and duty）。

5. 职权：包含决策的范围、对其属下的人事建议权，以及可动用的预算限制等。

6. 绩效标准：有些工作说明书也包括绩效标准一节，以说明员工在工作说明书所列出的每一项任务上所需达到的绩效标准。

7. 工作条件与实体环境：工作说明书也记载与工作有关的工作条件，例如：现场噪声水平、工作危险程度、温度情况等。

Grant（1989）认为一份工作说明书的主要部分应该包含：

1. 工作鉴别（job ID section）。
2. 功能陈述（function statement）。
3. 责任（accountability）。
4. 组织关系（organizational relations）。
5. 职责描述（duty/responsibility statements）。
6. 自主权（independent Authority）。
7. 环境（environments）。
8. 工具设备（tools & equipment）。
9. 其他项目。

Bartley（1983），认为工作说明应包含下列五项内容：

1. 工作的整体目标（工作的功能及存在的理由）。
2. 工作的任务或责任。
3. 工作所受到或所给予监督的性质。
4. 工作环境。
5. 工作的特性。例如，操作某种装备应具备的特殊技巧，或是胜任某项工作必须具备的经验或教育程度。

概括上述各家说法，可以了解工作说明书是经由工作分析所得到的分析报告资料的摘要，它对工作的内容、工作人员所需要的条件等做一个有系统的描述，因此，一个好的工作说明书应包含下列内容：

（一）扼要的说明

这个说明包括有关工作的简短叙述和执行该工作所需负担的职务和责任等，即工作摘要。工作摘要的主体应该是将工作的全貌作一个简短而正确的描绘，对其主要职责或目的作摘要的陈述，假如有良好的工作摘要，它将给予读者对于所执行工作的性质、目的、范围、以及与其他工作一般的区别有一个全盘整体的概念。

（二）有关工作的正确事实

此部分是工作说明书中最重要的部分，因为它是工作评价的重要基础之一，因此，接着工作摘要之后，我们就需对整个工作的重要职责作一顺序的叙述，此时最好用简短、扼要的词句予以说明。对于所提供的工作事实，应该简明、流畅，易于阅读。

Grant（1989）指出工作职责是工作说明书的核心部分，此部分的描述必须包含工作的所有层面，必须小心描述，它可以告诉员工究竟为公司（组织）做些什么事，公司的人力资源被用在何处。

至于在撰写工作说明书主要职责时要注意的事项，段樵（1982）认为在撰写工作主要职责、工作事实时，应该注意下列几项：

1. 要详尽，但是不可详细到变成动作分析。
2. 叙述要清楚与完整，无须再参考其他文件。
3. 用字遣词力求简单、精确。
4. 检视所写出的工作职责是否达到制作的目的，能否使员工了解。
5. 各个活动依技术或逻辑顺序排列，或者依重要性与频率高低、用时间多少的顺序排列。

蔡宪六（1974）认为一份好的工作说明书，对于职责的描述必须是非常简单明白的，不需要太多或太长的文字，详细的分析和观察报告是工作分析的事，工作说明书只是代表着工作分析报告所提供数据的综合和所选择的摘要而已。此部分的注意事项包括：

1. 使其不过分复杂，也不过分简单，只需要有必要的事实予以明确的说明。
2. 把要点整理就绪，便于数据的登录与应用。
3. 与现有的组织规程、工作手册相配合。

（三）陈述工作说明书的原则

Jai V. Ghorpade（1987）认为在撰写工作说明书时应注意：

1. 简洁、直接的描述，一开始就使用动词。
2. 避免消极的句子。
3. 避免使用决定、指示、确定和监督字眼。
4. 动词的使用必须能反映出行为。
5. 陈述一项职务时，只能有一项行动。
6. 尽可能地使用定量的字。
7. 描述职务时尽可能地与在职者使用相似的语言。

Philip C. Grant（1989）提出在陈述工作说明书时的原则有：

1. 分条陈述：用句子形态，并用标号分开。
2. 排列职务：从最重要到最不重要，有助于强调重要职务。
3. 正确并且详尽。
4. 使用动词，避免使用模糊不清的字眼，如：从事、处理等。
5. 深入地描述。

Dessler 认为在撰写工作说明书的内容时应注意（张纬良，1996）：

1. 清楚（clear）：工作说明书必须对于所属工作职责有清楚的描述。
2. 指出范围（indicate scope）：在定义工作时，务必同时指出范畴与工作性质，并使用类似"在经理的要求下"等字眼，准确包含所有的工作关系。
3. 明确（specific）：利用最明确的字眼指出（1）工作的类别，（2）复杂程度，（3）所需的技术等级，（4）所处理问题标准化的程度，（5）员工在每个工作项目下的责任范围，（6）职务的类型与等级。使用如下的动词：分析、收集、组合、计划、推论、呈递、转达、维持、监督、建议等来描述工作数。通常较为明确，较高阶层的工作则其范围较广泛。
4. 简短（brirf）：简要的陈述最容易表达其内容。
5. 再检查（recheck）：最后需再次检查工作说明书的内容是否能达成所期望的需求，可以自问新进人员阅读此工作说明书时是否能够充分理解。

依笔者多年的企业辅导经验，职位说明书（见表 5—1、表 5—2）撰写的要领有：

1. 以动词开头，用简短、扼要的句子或词组。
2. 用现在时来表示。
3. 避免用含糊的字眼来说明某个动作。
4. 职位说明书应避免使用概括性的句子，如果无法避免时，最好以实例说明。
5. 该职位主要职责是什么？如何做？
6. 建立评估完成与否的依据及考核的标准。
7. 职位说明书并没有所谓标准的格式。
8. 主管有权指示未详述于职位说明书的其他职责与工作。
9. 职位说明书不得有否定的词句。
10. 职位说明书中有缩写或简称时应加注说明。
11. 职位说明书不得包括将来要执行的职责或工作，除非是新设定的职位。
12. 职位说明书不应包括偶发性或暂时性的职责和工作。

表 5—1　　　　　　　　　　职位说明书（范例一）

一、工作鉴别（job identification）

单位名称	品保部	单位编号	QC1110
职位名称	PQC	职位编号	QC1110A
工作地点	台北	建立日期	2003-01-22
撰写人	李××	核定人	黄××

二、工作职责（job responsibility）

部门职责	比重（%）	工作职责	职责评估标准	时间频率/HR 年	季	月	日	产出报表
质量体系管理	5	依照ISO要求执行质量管理作业及纠正改善预防措施实施	每日在制程中监控制管；退料作业中依照ISO9001：2000版要求执行质量管理作业及纠正改善预防措施实施；每年6月、12月ISO内审，7月ISO外审准备工作执行	48			0.5	内审及外审《不符合项报告》回复单
签样品及样机管理	5	依照首件制作规范要求制作样机存档并依照客户/品保签样品生产	每日在生产中依照首件制作规范要求制作，质量、交货期达100%				1	《首件记录表》
仪器、设备、工具请购及点检管理	5	执行生产使用工具、仪器、设备定时点检	每日在生产中依规定每隔2小时对工具、仪器、设备点检一次，以确保其工作可靠性，同时需确认其在品保检定有效期内				2	《工具、仪器设备点检状况表》
验货及客诉问题点管理	10	依照验货及客诉问题点处理，并提出预防再发生对策对生产实施管制及改善作业	每日及时掌握FQC/QA/客户验货状况及客诉状况，依照验货及客诉问题点处理，并提出预防再发生对策，对生产实施管制及改善作业				0.5	《重检追踪单》《客诉单》《验货问题点改善联络单》

续表

三、组织关系（organizational relationship）

直属主管	PQC 主管
下属职称	（无）
职务代理人	第一代理人：资深 PQC；第二代理人：QE
轮调职位	不同生产班别 PQC、QE、技术工程人员、制造科班长

四、工作要件（job specifications）

能力与意愿		一	二	三	四	五	说明
专业能力	所受监督			V			能以单位目标作长期性思考，规划达成目标的策略方针
	工作判断			V			工作准则不完整时，能加以修订或改变，以符合环境需求
	决策权限			V			具有影响机构正常营运及规章效力的工作质量，且改正错误代价极高
	审辨创新			V			
	知识经验			V			
人际关系	沟通协调			V			经常与不固定的人接触，能做各项推理以说服他人采取适当行动
	领导管理	V					
动机	组织承诺			V			了解组织潜在问题，认为对组织有利时会排除众议去支持它
	积极行动			V			
	服务态度				V		
信心	目标管理			V			积极主动改善工作方法和程序以达精益求精
	自我肯定			V			为了理想与信念，能以坚强的毅力执行到底

五、规范要求（other specifications）

		必要	充分
性别	□男　□女　■不拘		
年龄	□无限制　■18～30 岁之间	20	
最低教育程度	■初中　□高中　□专科　□大学		5
科系别	■无限制　□科系要求＿＿＿＿		
专业资格	■无限制　□执照要求＿＿＿＿		

续表

语文能力	■无限制 □英文 □日文 □_____		
工作配合	□无限制 ■加班 □汽车 □机车 □国外出差 ■轮班	15	
人格特质	□无限制 □支配型 □表达型 □配合型 ■遵奉型 □全方位	20	
绩效考核（任职后）	□特优 101～120 分以上 ■优 85～100 分 □良好 70～84 分 □待加强 50～69 分 □不合格～49 分	40	
特殊才能			
合计（%）		95	5

六、职位报酬（compensation） 说明

薪等薪级	一等 103 点
出勤制度	□免打卡上班 ■打卡上班
团体保险	50 万
其他福利	午餐
特别假期	依劳动法令

七、学分要求

项次	必修（M）选修（O）	课程类别	课程代号	课程名称	学分
1	必修			品质管理手册	4
2	选修			各事业部品质管理训练教材	6
3	必修			安全常识	6
4	必修			新产品评估手册	4

表 5—2　　　　　　　职位说明书（范例二）

姓名：黄××　　　　　　　　　　职位名称：品质管理科长事业
单位：品质管理部　　　　　　　　工作地点：新竹工厂部门
填表日期：
填表人：员工签署审　　　　　　　审核：直署上司签署核准

JOB PURPOSE 职位设置目的：
Briefly summarize your job's purpose or role in the department/section. Also describe how you department fist into the rest of the organization.

请简要叙述在你的部门里你的职位的设置目的，或所扮演的角色，同时也请描述你所属部门/单位在整个机构里的功能。

功能：全厂质量的管理，并协助厂长将生产的质量以最有效、最经济的方式达到公司的标准以及客户要求的程度，并兼负顾客与工厂间质量沟通的桥梁。同时管理工厂的安全、卫生业务，以符合公司及政府的规定与标准。

角色：
1. 负责管理本部门一切人、事、物，其中包括人员管理、训练，质量标准的建立与修正，原料厂的检验，微生物分析及工厂环境维护、管理等工作。
2. 研究改进产品质量及协助研制新产品，以符合客户要求。

PRINCIPAL ACCOUNTABILITIES 主要职责范围：
Describe the major functions or activities that your job perform and thesubsedquent end results achieved, for which you are answerable and can be measured. Start with an actionVerb for each function.
请详述你负责的主要职务，而你要对这一职务的最终结果负责。一般而言，这些结果是可以衡量的。每一句请用动词开始。

编号 主要职责
1 确保所有原料、半制成品与制成品既定标准
— 订立产品标准规范
— 追踪检查成品的品质
— 检验原物料
2 确保全厂之环境卫生符合环保局及本厂的卫生标准
— 检查监督全厂环境卫生情况
— 提出改善建议并作定期报告
— 设计与举办环境卫生训练课程
3 确保全厂生产作业符合本厂及政府规定的安全标准
— 检查监督全厂安全状况
— 提出改善建议并作定期报告
— 设计与举办安全训练课程
4 协助研制新产品
— 测试新产品
— 对新产品之研究、开发，从质量角度提出建议
5 适时处理客户对质量问题诉怨，以使公司损失减至最低同时提供良好的客户服务
— 了解品质管理和统计知识
— 掌握客户对质量的要求

Dimension 影响范围：
List the information which will show the scope and scale of activities with which your job is concerned directly or indirectly, and against which it has some measurable effect. For exemple. sales volume production cost, operation expenditure budgert, number of staff etc.

请列出与你职位直接或间接有关的数据,而这些数据可以显出你工作的范围与程度,同时可据此以拟定可衡量的成效,例如:营业额、生产成本、经常性开支、下属人数等。

1. 直属下属共三员。
2. 年度总共的薪资成本约××。
3. 安全卫生业务的成本(年度)约××。
4. 部门费用约××。
5. 品质管理机器、设备投资预算约××。
6. 工厂的产值约××。

JOB CHALLENGE 工作挑战性:
What is the most difficule and challenging aspect of you job? How are you expected to deal with it?
你在工作上最困难与最具挑战性的事情是什么?你需要怎样去应付与面对?

客户不同的质量要求而工厂内却使用一致规范:
为了满足客户的需求,应充分了解客户的要求,订立厂内规范,依据客户不同要求,随时调整,与客户保持联络,并请业务及技术服务部门随时提供最新客户数据。

JOB RELATIONSHIP 工作关系:
Who and why must sear with in your routine work?
系指此职位在运作功能上,必须协调(接触)的对象与因由。

与谁接触	方法	频率	原因
厂务各部门主管	口头或书面	每日	问题研讨
客户	口头或书面拜访	每周一次	产品问题处理 标准规格的修订
协力厂	口头或书面拜访	每周一次	原料质量问题的探讨及解决方案的订立

ORGANIZATIONAL RELAIONSHIP 组织关系:
List the title of your immediate supervisor, other positions reporting to your supervisor directly, and the positions reporting to you directly. list titles only no names.

请列出你直属上司、所有向你上司直接报告的同事,以及所有向你直接报告的下属职称。只要列职称,不要姓名。

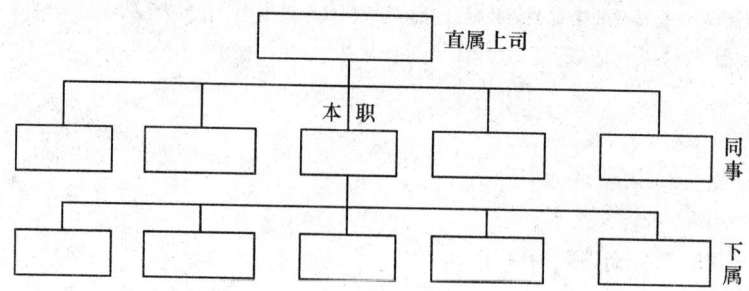

QUALIFCATIONS AND EXPERIENCE 资历与经验：

Please giveails of the formal qualification, education, specialized training required for this job, inclding types of experience and the time required to gain that experience, note: it is the requirement for the jod, not yourself.

请详细列出此职位需要认可的专业资格、学历、特殊训练和经验，包括经验的类别及期限。注意：这里所指的是此职位的需求，而非你自己的资历。

必备：

1. 大专毕业，主修化工或相关科系。
2. 五年以上工厂的品质管理工作经验或制造经验。
3. 其中三年以上主管（管理）经验，并具备管理能力。
4. 具备良好英文能力。
5. 化学实验实务经验（两年以上）。

非必备：

1. 懂日文。
2. 了解微生物分析。

在陈述工作说明书的工作内容时，应尽可能让人一目了然，使任职者知道工作内容有哪些、责任范围等，不应使用模糊不清的字眼。

三、工作说明书的用途

工作说明书的用途是相当广泛的，下面将引述一些学者的论说：

Mcfarland（1968）在《人事管理》一书中表示：

工作说明书在广泛的各种人事技术管理上的用途，主要是用在发展工作与人力规范，作为选用员工的准则，也作为选用测试的发展，建立工作标准计划及执行训练，作为薪资调查、工作评价、作业考核的基础，工会咨询，解决抱怨。

Littlefield & Peterson（1956）则认为，工作说明书的最主要价值之一，是提供比工作名称更详尽的工作职责说明，因为工作名称本身通常是无意义或是模糊不清的,工作说明书在说明工作的主要任务方面占了一个很重要的地位。

Otis & Leukart (1954) 就工作说明书的重要用途,列举下列十一大项:

1. 工作评价

由工作说明书的工作内容,在工作规范中制定工作需求条件,据以评定薪资等,因此工作说明书是确立工作评价的基础。

2. 任用

在雇用计划之中,对面谈及任用提供一有效的客观及指导,以重要工作作业为基础可能发展成适当的职业测验。

3. 咨询

提供职业顾问有关工作的精确消息,给无经验及生理障碍者予以忠告。

4. 训练

提供训练主管有关激发员工最大潜能训练课程安排所需的一切数据,并有助于获取花费在计划上每一块钱的最高效用。

5. 安全

工作说明提供安全主管一工作特性的指南,借此用来做有关可能发生工作伤害及危险的工作环境分析,以减少意外事件的次数。

6. 考核

工作说明解释工作要求与员工实际表现的界限,对员工表现或功绩提供有效的衡量。

7. 在工业界的妇女

尤其在全部或部分雇用妇女担任通常由男性操作的工作时,在应用同工同酬的原则上,工作说明便可决定担任何种工作可以得到何种报酬。

8. 劳工关系

工作说明对于管理阶层与员工之间,提出一项共同了解的工具,使员工的抱怨可能被消除,且基于工作定义而支付不同的薪资,也可能消除偏袒或猜忌。

9. 薪资调查

对于一些可比较的工作,提供一种与邻近地区公司比较薪资的方法,借此可使公司知道他的工资率是否合理。

10. 方法的改进

由于工作分析的结果,揭露了生产方式的可能改变,工作分析对工作提供工程再造的基础。

11. 士气

在撰写工作说明书的过程中，特别是经由面谈员工来获取有关工作资料的地方，可以说雇主应知道每一个员工做些什么是最佳证明，由于此类程序的实施，员工必感欣慰而增进士气。

依笔者认为，工作说明书的用途包括以下几个方面：

1. 组织规划

（1）在组织内工作任务的分配状况，可从职位说明书中得到较详细的数据，根据这些数据可以作为利润分配时的准绳。

（2）检讨职位说明书的内容，以规划各职位间的作业流程，建立标准化的作业程序（SOP）。

（3）根据职位说明书中的主要工作内容，可确立各职位间的责任制度。

（4）根据职位说明书中的职责范围，可明确划分负责内容及其权限。

（5）有了职位说明书，可建立起各职位的权威性。

（6）组织重新设计及规划时，需要职位说明书作为参考数据。

（7）分析职位说明书中的各项内容，以避免不必要的业务重叠及不必要的互相牵制。

（8）在组织不断发展过程中，职位说明书可作为预测工作变更时的基本数据，并且可让该职位上的员工，或其主管预先进行准备，以应对改变后的相关工作。

2. 招募甄选

（1）职位说明书中说明专业知识技术的标准以及相关工作经验的要求，可以作为雇用该职位新进员工的考虑标准。

（2）提供招募单位一个招募人才的正确方向。

（3）在招考新进人员时，用人单位可就职位说明书中职掌范围内所需的专业技能制作笔试、口试或实做测验试题，以测出应征者的实力，是否符合该职位的要求。

（4）透过科学化的人格特质分析测试与了解所应征者的人格特质是否符合职位的需求，真正做到适职适所，因为最优秀的人不一定是最适合的人。

3. 工作评价

（1）用于工作评价及职位等级的界定，进而制定薪资表。

（2）用于作为薪资调查的标准，进而制定薪资等级，作为薪资调整的基础。

（3）便于交叉核对工作评价的结果。

4. 绩效考核

(1) 在绩效评鉴及考核制度中，采用职位说明书中所列举的主要工作内容作为设定评鉴的考核项目。

(2) 运用职位说明书中的主要工作内容，来设定各项加权比重及绩效考核制度中的评量标准，使与公司经营总目标、员工个人调薪标准相结合。

(3) 在绩效考核制度及工作改善检讨中，职位说明书均可扮演主管与部属之间绩效面谈的沟通工具。

(4) 从职位说明书中找出控制成本的重点及方向。

5. 职业生涯管理

(1) 有了职位说明书的基本数据，可运用到升迁、调职、轮调及绩效考核等方面的人事管理及教育训练业务上。

(2) 在既定的工作架构下，从纵向整合上下游的工作，以达到工作丰富化。

(3) 在既定的工作架构下，从横向增列相关度较高的不同工作，以达到工作多样化。

(4) 集中保管职位说明书，可提供那些需要了解其他职位工作内容的员工一些专业信息，或作为管理阶层在做决策时所需要的参考数据。

(5) 作为教育训练规划及训练需求调查的基准，以甄选出需要训练的员工，再依组织的需求及员工个人能力与兴趣，提供训练发展的机会，并作为员工职业生涯规划的重要参考数据。

(6) 可用于新进人员的简介，以加速新进人员对工作状况的了解，缩短学习时间。

(7) 选择教育训练的受训员工。

(8) 开发教育训练的课程，及提供员工生涯规划的参考数据。

6. 工作改善

(1) 透过职位说明书来检讨整个组织内工作架构的规划情形，并寻找改善工作的途径。

(2) 如何有效地运用人力以达到最高的生产力，以职位说明书来分析工作要项，减少浪费，自然会产生预期的效果。

(3) 了解职位说明书的内容及要求的水平，进而改善工作的质量。

7. 组织沟通

(1) 建立激励制度时，可根据职位说明书的各项内容选定激励的项目及考虑的标准。

(2) 提供管理者一些参考数据，以改善劳资关系。

（3）员工对工作抱怨时，职位说明书可用于员工申诉中的参考数据。

（4）一旦发生劳资纠纷，不论是单独的个案或集体的谈判，均可用职位说明书作为参考的数据。

为使读者了解职位说明书在企业内建立薪资制度时的重要性，故以图5—2说明之。由图5—2可知，企业体形成公司组织时必有其特定的使命，为完成此使命，必然要有一定的运作方式称之为章程。

在章程之下有很多原则性规定如组织规程等，公司组织明确后绘制成较为简

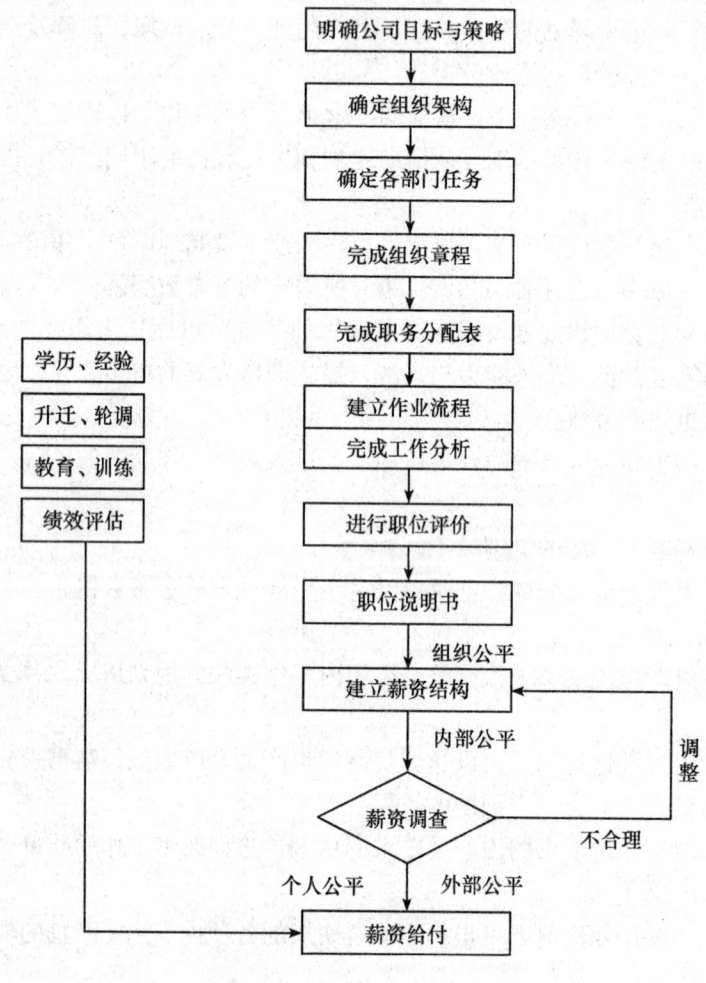

图5—2 建立薪资制度的流程

要的组织系统表,并划分各部门任务、权责,各部门再依此任务、权责制定各项职位的作业流程,再经工作分析后编定相关的作业准则或标准作业程序(SOP)。

此时即可依部门职责、流程、工作分析等数据了解最佳人力运用状况,绘编成人员编制表作为人力运用计划控制的方式之一,继而依人员编制表所定的职称填制完成职位说明书,作为工作评价的基础。

故职位说明书具有承上启下的功能,在建立薪资制度的流程中,完成职位说明书的阶段时仅强调对组织的公平,所以还要参考学历、经验、升迁、轮调、教育、训练、绩效评估等资料,来平衡对个人的公平。

由工作评价结果所制定的薪资结构也仅是强调内部的公平,所以还要参考薪资调查的资料,来平衡外部的公平。如此反复的核验,则所给付的薪资较能符合"内求公平,外求竞争"的策略,由此可知职位说明书在建立薪资制度中的地位。

由上述的用途可知,工作说明书的用途几乎涵盖了大部分的人力资源管理的功能,也就是说工作说明书是现代化人力资源管理的核心,也深远地影响着企业流程的运作与工作的责任。企业经营之本就是应该先建立一套正确、完整的、可操作的工作说明书,并以此为基准逐一建构企业的规章制度与信息系统,如此人力资源管理对企业的经营才能有相当大的帮助。

第三节 工作规范

工作规范是经由工作分析之后所产生的一个正式书面文件,它说明职位的工作条件,亦即要胜任该工作所需具备的资格条件。换句话说,工作规范规定了员工所需的责任、技能、经验、教育程度、智力等职能要求,同时并简述该工作的工作环境,以求更易于员工招募、甄选与任用。

一、工作规范的定义

Mejia & Balkin & Cardy (1995) 指出工作规范列出了员工为能顺利执行该工作所需的特征。这些特征通常称为 KSA (Knowledge Skills & Abilities),即知识、技术与能力,而且它是一个最低要求,在招募、甄选的过程中可作为筛选的一个方法。

何永福与杨国安 (1993) 认为,工作规范简而言之就是制定了工作上必须具备的知识、技术和能力。

Dessler (1991) 认为工作规范是工作分析后的另一产品,它列出担任某项工作所必备的各种条件，包括学历、技能等。由工作规范，我们可知道应该招募哪种人，以及应该测试这些人的特质。工作规范通常根据主管的经验与阅历来判断。

段樵（1982）认为，工作规范乃是根据工作说明书所提供的信息，拟定工作资格，列举及说明适合从事某一工作的人员所必须具备的个人资格条件与所受训练以供招聘之用。

Patton & Littlefield（1957）认为工作规范是规定所需各种工作人员的技能、经验、体格、智力、态度与各种测验成绩，并简述该工作可能遭遇的特别状况，以求进一步帮助选择适当的人员。

归纳上述各家说法，我们可以清楚地了解到，工作规范就是规范执行该工作所需具备的最低资格条件，决定什么样的工作，需要什么样条件资格的人来担任，使每项工作都有最合适的人来担任该项工作，以发挥组织的最大功能。

二、工作规范的内容

就工作规范的内容来讲，各家所开列的项目大体上甚为相近，不同的是有些学者将工作说明与工作规范合而为一，而称之为职位说明书。Hicks & Place（1963）认为，工作规范补充了摘要说明，它列举出一件工作的职务和需要，其内容包括：

1. 任务。
2. 所用的设备。
3. 特殊的技能和知识。
4. 公司的一般需求条件。
5. 体力活动。
6. 工作环境。
7. 评语等。

Brennan（1963）认为规范内容应包括：

1. 技能条件，如教育、智力运用、工作知识和责任。
2. 体力条件。
3. 工作环境。
4. 危险性。

Tead & Metcalf（1933）认为工作规范包含六大项内容，每个项目下还开列了许多小项，其项目为：

1. 工作性质。
2. 工人应具备的资格条件。
3. 工作环境。
4. 学习所需的时间。
5. 发展速度与晋升机会。
6. 任用期限。

Konwles & Means（1938）两人调查了17家公司，发现在评点法的评价制度下，所有员工资格和工作条件项目（即工作规范）包括下列七项：

1. 责任。
2. 技能。
3. 智力。
4. 体力。
5. 所需的同等学力。
6. 工作环境。
7. 所需经验。

一个真正有价值的工作规范，并不会是所有的工作都具有一致的规范，而应该是不同的工作具有不同的资格要求，亦即随着工作性质与工作内容的不同而有差异。故笔者建议工作规范通常列入的条件如下：

1. 工作鉴别（job identification）：包括单位名称、职位名称、工作地点、建立日期、撰写人与核定人等鉴别数据。
2. 组织关系（organizational relationship）：包括直属主管、下属职称、职务代理人、轮调职位。
3. 工作要件（job specifications）：包括能力与意愿，能力分专业能力与人际能力，意愿分动机与信心。
4. 规范要求（other specifications）：包括性别、年龄、最低教育程度、所学专业、专业执照资格、语言表达能力、工作配合、人格特质、特殊才能要求。
5. 职位报酬（compensation）：包括薪等薪级、出勤制度、团体保险、其他福利、特别假期。
6. 学分要求：包括选修与必修课程与学分。

三、工作规范的用途

工作规范的主要用途如下：

1. 工作评价

工作规范的主要目的之一在于工作评价，用以达到同工同酬的目的。在执行工作评价时，有时所采用的因素都属于工作规范的项目，如经验、教育程度等。

2. 招聘甄选

由于工作规范对于工作所需的资格有着详细的叙述，因而便于人力资源管理部门对人员招聘、测试与选拔的应用。

3. 监督、升迁、训练与工作轮调

工作规范对管理人员也有其广泛的用途。由于其内容的规范，管理人员可以据此做功能重组、权限与责任的授权，此外，工作规范在训练计划的拟定、升迁与轮调等人事的应用上也具甚大效益。

4. 工作公开化

工作规范对工作人员或谋职者也会产生一种工作公开化的作用，谋职者可以据以了解其要求的条件及发展趋向，工作人员本身也可以了解到其可能有的升迁、轮调途径。

四、工作说明书与工作规范

经由以上的论述，我们可以很清楚地了解工作说明书是工作分析的一个具体结果，它对于一个职位的工作予以简明扼要而适当的叙述，其内容以工作的性质、责任、职务、工作环境等为主，作为工作评价、建立薪资制度以及绩效评估、升迁、训练等人力资源管理作业的依据，具有重要意义。

而工作规范也是工作分析的一个产物，它说明了职位的任用条件，摘要工作上的特殊体能与环境，以及员工能胜任某项工作所需的条件或需求。简要而言，工作规范乃是规定员工所需的责任、技能、经验、体力、教育、性别，并简述该工作的工作环境，以求更易于员工招募、甄选。

综观以上，工作说明与工作规范的内容相当接近，同时也都是工作分析的产物，所以这两个名词，已无严格区分的必要。因为要知道员工能胜任某项工作所需具备的条件以前，必须先清楚地知道该项工作的详细职责内容和责任等，其所应当负起的责任与职责，就等于执行该工作所应具备的条件，所以，无须加以严格区分（蔡宪六，1974）。

Lanham（1995）认为工作说明包含三个部分：一为工作事实的识别，二为工作的简短摘要和执行工作时的整个责任、职务，三为圆满执行工作所要求的规范或资格和其工作环境。Lanham已经将规范并入工作说明之中，成为工作说明的一个主要部分，他也认为如果同时准备两种不同的格式，评价人员在执行工作评价时，只会增加其复杂性，对其在执行工作评价时毫无帮助，如果使用单一工作数据表格，比起用两种表格更为易于使用。笔者也赞同此想法并将其合并后称之为职位说明书，以此与工作说明书及工作规范等名词相区别。

第6章

工作评价

工作评价是近代人力资源管理方法上一个极为有用的工具，它由过去公共行政演进而成，现已成为工业工程的一个主要部分。工作评价的演进可分为下列几个时期来讨论（李建华与茅静兰，1990，135）：

1. 草创时期

有系统的工作评价系于1909年首次由美国芝加哥文官委员会所试行，而工业上运用工作评价是始于1910年后由美国爱迪生联邦公司所实行。

2. 第一次世纪大战至第二次世界大战时期

1930年后，由于美国制定有关劳工法案，保障劳工权益，工作评价才受到学者的推荐与阐述。

3. 第二次世界大战迄今

美国企业已一致公认，工作评价是一种较合理的核定底薪的方法。由于1949年后，企业相互竞争，尤其到了1980年后，企业竞争更加激烈，工作评价更被视为一种控制人工成本、促进劳资关系和防止员工流动的好方法。

今日人力资源管理专家把工作评价视为一个组织将所有工作利用科学判断方法，找出其中的相关价值，以指数（indexes）表达出来，作为计酬的标准。

第一节 工作评价的定义

所谓工作评价，主要指经过企业流程改善（BPR）后，进行工作分析以职务分配表撰写部分内各职位间的工作关系与职责，以获得该职位的工作特征，再根据该职位工作的难易程度及重要性与其他职位的相对价值，建立公平的薪资点数和薪资率幅度（薪级表）。简单来说，工作评价就是依工作的相对重要性与价值予以评价，并依此作为薪资给付的一个重要依据。

黄英忠认为：工作评价（job evaluation）又叫职务评价或工作品评，为工作分析的扩张，系比较企业内各种工作所具有的责任度，及执行业务所遭遇的困难度、复杂度与危险度而决定其工作的相对价值,用以支付不同薪资的过程。

齐德彰认为:工作评价为寻找所有的工作在组织中的排序,并按其所支出的相关价值做层次性的安排,而此种安排是针对工作而非对人。

何永福与杨国安(1993)认为:工作评价乃是根据工作分析,有系统地比较及评核各类工作的内容和价值(对企业的贡献)。这是一种以工作为本的薪金制度(job-base pay system),以员工从事的工作为依据,决定员工的薪资。

李建华与茅静兰(1990)认为:所谓的工作评价是一种方法,用以决定一个企业内各种工作间相关价值的全部过程。此系站在企业本身的立场,根据某些特定因素,将每项工作加以分析说明,用比较的方法来确定个人工作评价的高低,再依此项高低不同来设立并纳入一合理的工资计划。

Dessler(1991)指出,工作评价在于决定工作之间的相对价值,其基本程序是按照努力、职责和所需技能等工作内容来彼此比较各种工作(这里所谓的工作内容就是报酬因素)。如果根据薪资调查及公司的薪资政策,可以知道如何决定标杆工作的薪资,在根据工作评价的结果,其他员工的薪资也就可以一并定出。

Livy 引述 British Institute of Management(1975)的说法,表示工作评价是分析、评估工作内容的一个过程,即由一种一致性与系统性的基础,定义工作的相对关系,帮助组织发展一种新的薪资给付结构的技术。

P. Pigors 和 C. A Myers 认为工作评价是决定组织内每件工作个案与其他相关工作的价值的系统方法。

C. W. Lytle 认为工作评价系工作分析的延长,用以确定工作的相对价值,并将评价结果反映至适当的薪资结构,同时为调整薪资结构提供标准的程序。

W. French 认为工作是一项程序,用以确定组织中各种工作间的相对价值,以使各种工作因其价值不同,而给付不同的薪资。

经由以上各家学者对工作评价的定义,我们对于工作评价就有一个清楚的了解,简单而言,评价就是根据某种同一客观标准来评定事物价值的高低,数量的多少与体积的大小等。举例来说,就如同鱼贩卖鱼,他必须用秤来评定鱼到底有多重。评价的对象是鱼,然后再卖给顾客。而我们的工作评价系用同一客观标准,来评定各种工作对企业的价值。评价的对象是工作,所以鱼就相当于工作,秤就相当于同一客观标准。至于鱼有许多不同的种类、大小,相当于企业中有各种不同的职位及职责大小也不同,这就是工作评价最终的目标,即"内求公平,外求竞争",如图6—1所示。

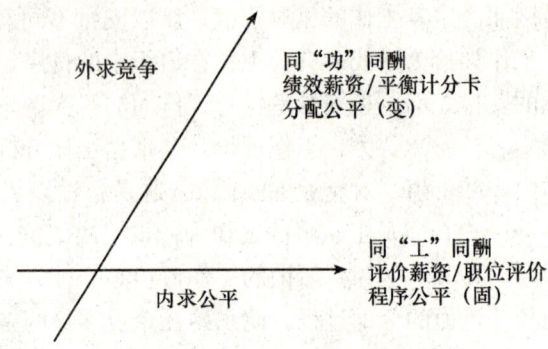

图 6—1　工作评价

学者 Plancy（1987）指出工作评价有四项目的：（1）确认组织目前的职务结构；（2）将各项职务间建立有秩序、符合公平性的关系；（3）将各项职务的价值发展成一个阶层，并据此建立薪资结构；（4）使员工对于组织内的职务与薪资关系达成共识。

1. 作为升迁及调职之依据。工作评价可以提供组织内员工在衡量工作上的责任度、困难度及危险度的正确资料，借以作为甄选、任用、升迁及调职等的依据；员工可循各种工作的既定目标积极努力，以求晋升至较高的职位。

2. 减少劳资纠纷、促进劳资合作。实施工作评价可以依据工作的责任度、困难度及危险度来制定合理而公平的薪资制度，而且也可借以制定升迁及调职制度，以使员工士气高升并提高生产力；同时，工作评价实施前后均要与劳工团体或工会协调、研商，借以减少不必要的纠纷并促进劳资合作。

3. 确定各部门每种职位或工作间的相对价值，并和其他不同部门的类似工作相互借鉴。

4. 制定一种比较标准，与社会其他机构相同工作的待遇作一比较。

5. 一种控制人工成本的方法。

第二节　工作评价的方法

学者何永福与杨国安（1993）认为工作评价可以依据两方面来进行：

一是评价的依据，即：是工作与工作比较，还是工作与预定标准比较；二是评价的方法，即：是主观非计量化，还是客观计量化。

一、非计量方法（nonquantitative method）

非计量方法不需应用翔实的工作因素，所用方法比较简单，计有排列法（ranking method）和分类法（classification method）两种。

1. 排列法（ranking method）

排列法是工作评价法中最简单的一种，它是所有评价方法中最早发展与最普遍使用的方法，也是一种非计量的方法。因为人们常喜欢拿同类东西相互比较两者的好坏，所以，以排列法来制定工作价值的方法就自然而然地产生了（蔡宪六，1974）。简而言之，排列法就是拿某一工作项目作为基础，就其困难程度及对企业贡献的大小，和其他工作一一比较，以评定其在全部工作中的顺序。

（1）定限排列法

将组织中最高与最低位的工作选择出来，定最高与最低位界限的标准。然后在此限度内，将所有的工作按其性质与难易程度逐一排列比较（见表6—1），即可显示其高低差异。

表6—1　　　　　　　　因素排序比较法

职衔	工资率		技能		智能		体能		职责		工作条件
技术员	5.83	1	1.45	1	2.81	4	0.50	1	0.95	6	0.12
印刷员	5.07	2	1.25	2	2.31	3	0.56	3	0.65	2	0.30
会计员	4.23	4	1.10	3	2.15	7	0.10	2	0.75	5	0.13
操作员	4.06	3	1.20	4	1.85	5	0.30	5	0.50	3	0.21
收发员	3.75	6	0.76	5	1.60	2	0.67	4	0.55	4	0.17
办事员	3.41	5	1.05	6	1.53	6	0.28	6	0.45	7	0.10
清洁工	3.53	7	0.40	7	1.20	1	1.00	7	0.20	1	0.55

（2）卡片排列法

发给评价人员一套索引卡，每张卡上面均说明工作性质，然后评价人员就可按高低排序。另外一种方法是，同时先将需求条件最多与最少的工作分别放在最高与最低的位置，然后再选出次高与次低者，然后依次排完所有卡片，这种方法有人称之为交替排列法（alternation ranking method）（Dessler，1991）。

（3）成对比较法

前面的方法必须将所有被排列的工作记在心里，这在工作数目很少时还不致发生太大困难，但是如果工作项目很多，则排列法就会感到"技穷"（蔡宪六，1974）。为了弥补这一缺点，成对比较法应运而生。这种排列法即将所需排列的工作相互比较，先将工作相互两两排成一对，然后在每一对中下判断。(Dessler，1991)

(4) 委员会排列法

委员会排列法也称平均法，即在企业内组成一个委员会，而由其来评价各项工作的高低。因为是取多数人之意见加以平均所得，乃属一较客观的方法。但是，仍需要注意的是，委员会的成员必须具有相当的代表性才能做出符合实际的结论。

(5) 组织排列法

此仍根据组织职位之高低加以决定，其较适合于传统的非专业性工作，对于专业性工作则不适用。

排列法的优缺点比较见表6—2。

表6—2　　　　　　　　　　排列法优缺点比较

优　点	缺　点
1. 此法是一个最简单、最易了解、也最为省时省钱的方法 2. 如果有正确的工作分析，则它可能比分类法更加正确 3. 能实际而初步达到工作分类	1. 此法没有提供评价人员评价标准，完全只依靠其本身对工作的判断 2. 如果企业中工作人员太多，则此法将不适用 3. 此法仅能比较出工作何者较高何者较低，而无法说明工作与工作之间差异的程度 4. 此法可能受到现行薪资率及现任人员技能的高低所影响

2. 分类法（classification method）

所谓分类法就是指预先制定工作等级量尺，将各项工作加以归类，分成几个类别。分类时，需将工作的价值分为几个等级，每项工作均有等级说明书，并且将每项工作经过工作分析，制订工作说明书。评价时，只要将工作说明书的内容与等级证明书加以比较，如果相等，第一是工作说明书，第二是等级说明书。如果要使所有工作都纳入价值的比较，必须有共同的比较基础。因此，等级说明必须是一般性的，并且能涵盖各项工作。此法最大的困难在于等级的建立，因为工作等级必须定义得相当清楚，一方面能概括地将工作分类，另一方面也必须提供详细的数据以作为分类的指引。

分类法的优缺点比较见表6—3。

表 6—3　　　　　　　　　　分类法的优缺点比较

优　点	缺　点
1. 易于了解与使用，较计量的评价方法更省时省钱 2. 此法适用性较大，如果遇到异常的类型职位，只需增加职级 3. 如有适当职等或职级规范为依据，即使分类人员本身知识不足或单独工作，也较易达成公平性与一致性	1. 撰写等级定义必须相当谨慎，很难用一个简明扼要的句子来描述这些复杂的职务 2. 某些具有两种或两种以上的职级主要特征者，分类法无法将其纳入某一个等级当中 3. 此法只能分别工作的高低，无法解释工作与工作间的价值的差异程度 4. 此法同样需依靠个人或数人的判断，缺乏详细的分析作为依据 5. 工作分类到各等级时，常易受到现行薪资幅度的影响

蔡宪六（1974）将分类法分为下列步骤：
(1) 品评标准或品评尺度（rating scale）的准备。
(2) 决定等级数目。
(3) 撰写等级定义。
(4) 评价。

二、计量方法（quantitative method）

此种方式所用方法较为详尽，需选择并衡量工作因素，计有评点法（point rating method）和因素比较法（factor comparison method）两种。

1. 评点法

此法的名称很多，有人称之为分数品评（point rating）或工作品评（job rating），但是评点法或评分（或点数）法（通称为 point system）是最常用的名称。此法是由 Merrill Lott 于 1925 年所创，许多学者认为目前为止此种方法是所有评价方法中最盛行的一种（何永福与杨国安，1993；Dessler，1991；李建华与茅静兰，1990；蔡宪六，1994；Livy，1975）。此种方法简单地说，就是将工作细分为好几个报酬因素，然后分别评价每一个因素，如工作知识、技能、责任、工作复杂度、工作环境等，再将个别评价予以加总，以获得工作的价值。此种方法与分类法的相似之处，在于两者皆建立一个品评尺度（rating scale），以为工作衡量的标准。不同的是，在分类法中只制定一个综合的标准，而在评点法中是给每一个报酬因素制定一个标准。这个标准包括因素的定义，因素的等级和每个等级之界说与配分，综合数个因素的个别标准，成为一套品评标准。在讨论评点法的步骤前,我们最好先讨论因素的选择,因为在计量的方法中,因素的选择是一个工作评价计划成功的关键。评点法的优缺点比较见表6—4。

表6—4　　　　　　　　评点法的优缺点比较

优　　点	缺　　点
1. 评价工作步骤有详细的规定,可使判断错误率降低 2. 此法不但可以比较工作之间的高低,各种不同工作之间的相对差异也可以用分数表示出来 3. 此种方法易于把工作纳入各等级之中,较其他方法容易控制,也可增加使用的正确性和一致性 4. 对因素的选择较具伸缩性,可适应特殊的需要 5. 以点数来表现工作价值,不受现付工资的影响	1. 此法其难建立,工作因素必须谨慎和清晰地予以定义,同时等级与等级之间必须写出其不同层次的意义 2. 此种方法在评价每一个因素时,对于每一件工作必须深入研究,手续相当烦琐,通常至少两三人以上来执行 3. 不但对方法的复杂性不易解释,尤其对因素等级、分数和比重等概念都很难对员工或主管解释清楚 4. 依据个人判断,指定分数至各等级,常为人所诟病 5. 每一件工作价值被一定数目的因素所决定,因此就不可能考虑到工作所需求的其他因素

2. 因素比较法(factor comparison method)

因素比较法是一种计量性的工作评价方法,此法是由 Benge 与其同事于1926年所创的。此法使用虽不如评点法普遍,但是却较非计量的排列法与分类法的使用更为广泛。此法简单来说,也是先选定因素,然后直接以金钱计算工作价值,此法不以工作与工作直接作比较,而是以构成各工作价值的各因素相互比较(蔡宪六,1974)。

因素比较法于1926年由 E. J. Benge S. L. H. Burk 和 E. N. Hay 所倡导,它是将考绩中人与人比较法应用于工作价值中,按照一定因素,分别用排列法将各工作依次排列,并以金钱为尺度来衡量工作的相对价值。

Dessler(1991)认为此法的步骤应如下:

(1) 取得工作资料

先仔细完成工作分析,编写出工作说明书与工作规范书,并选定报酬因素。

(2) 选择较重要的标杆工作

由委员会选出15~25种重要工作,这些工作必须具有代表性。蔡宪六(1974)认为,所谓代表性工作是因素比较法的核心,乃是于机构中经断定足为其他工作的典型者,可作为其他工作的标准。

（3）按报酬因素排列工作

先由评价人员按各个报酬因素来排列工作，最后由委员会取得一致共识。例如：若 A、B、C、D、E 等五项关键性工作，以上述五个因素排名，可列表 6—5。

表 6—5　　　　　　　　　按报酬因素排列工作

心智	技术	生理	责任	工作条件
A	B	E	A	C
B	A	B	B	D
C	C	C	C	A
D	D	A	D	E
E	E	D	E	B

将各项工作的薪资比率分配到各项工作因素上，以得知每项工作因素要支付多少薪资。例如，关键性工作 A 的平均薪资为 31 元，则按工作因素的分配为心智 10 元、技术 7 元、生理 2 元、责任 9 元、工作条件 3 元；又如：关键性工作 B 的平均薪资为 28 元，C 为 25 元，D 为 17 元，E 为 14 元，也分别以金额评定其因素价值，排列成表 6—6。

表 6—6　　　　　　　　　按薪资比率分配工作要素

平均薪资	心智	技术	生理	责任	工作条件
A：31	A：10	B：9	E：6	A：9	C：5
B：28	B：9	A：7	B：5	B：4	D：4
C：25	C：8	C：6	C：3	C：3	A：3
D：17	D：6	D：4	A：2	D：2	E：2
E：14	E：3	E：2	D：1	E：1	B：1

第三节　工作评价的实施

工作评价的整个过程就是一场组织变革，所以一开始首先要得到 CEO 的强烈支持与经营团队的具体承诺，其次，要能有好的、有经验的企业外部顾问团队的支持，也就是企业要有强烈的意愿，顾问要有专业的能力。笔者在辅导企业导入工作评价的系统时，一定会与企业主或 CEO 分工，如果企业内部参与者在辅导过程中对其该交或该做的作业不做，其责任由业主 CEO 负责；反之，若是很想做但是不会做，则由顾问团队负责。依笔者十多年的经验不会与不做都将是项目失败的主因。在此前提下才能开始进行工作评价的作业流程（见图6—2）。此流程步骤逐一说明如下：

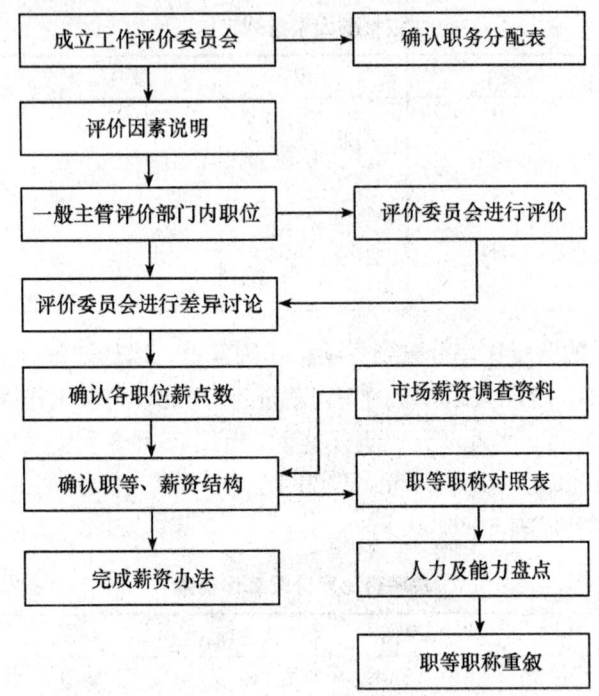

图6—2　工作评价作业流程

一、成立评价委员会

企业为了顺利地推动与执行工作评价，首先要成立企业内最高层级的决策机构，称之为工作评价委员会，由上而下地带动、督导并适时地做出决策，以利项目的进行。委员会的成员至少应包括企业的经营层，必要时邀请管理层加入讨论与协助撰写作业，人事部门负责人将是工作评价委员会的召集人与本项目的负责人及联络窗口，同时负责接受技术移转并担任"小老师"的工作。工作评价委员会的主持人一定是企业的最高执行者，并应负整体导入的成败责任。

二、确认职务分配表

此过程乃是衔接工作设计流程，经由流程改善、流程再造、工作分析一路很严谨的执行流程优化、工作盘点、组织瘦身，使缩短流程增加周转率、降低冗员增加生产力，保证全公司所有的职（岗）位工作不重叠、不遗漏，全部衔接，并将此过程的结果书面化，以标准作业流程、组织菜单及职务分配表建构企业最基础的知识管理系统。评价委员会应全面参与工作分析与流程改善的过程及讨论，此过程就是对评价委员会成员做最佳的、深度的培训，在可确保的状态之下，评价委员即能有足够的知识及能力分辨与判断不同职位的工作内容与重要性。

三、评价因素说明

工作评价最核心的部分就在于评价因素的选择与建构，这将是项目成功的主要关键因素之一。然而，一个好的、有效的、合适的工作评价因素量表的建构与取得十分不易，若各企业都自行建立一套评价量表，不仅耗时耗钱，将来也无法与其他企业作比较（无可比性）。故大多数的企业均仰赖外部专业顾问的辅导，采用经由多数企业验证过的评价量表来执行本身的评价作业。

笔者采用的评价量表是由所受监督、工作判断、决策权限、审辨创新、沟通协调、领导管理、知识经验七大层面十四个主题组成，以"沟通协调"为范例（见表6—7），每一主题又分五种等级，每一等级又分五种程度，可以组合出数百种不同的点数，足够区分出各种不同职位间细微的差距，经由一个小时的量表解说后即进行第一次的练习，以建立评价委员会共同的沟通语言与认知基准。

四、一般部门主管评价该部门内职位

经过练习后以职务分配表的撰写单位为基准，各部门各自进行工作评价的工作，评估完成后应与其直属主管先行讨论，此时才真正发现可能工作流程不清楚、权责与工作内容不一致、对评价量表的解读各取所需、二级主管间对同一部属的工作期望值不相同。有时参考的是现在在职者，有时又以未来的期望当标准，凡此种种都是新手上路正常的状况。讨论的过程将有利于厘清很多问题。如果此时适时地回头去修改标准作业流程（SOP）或职务分配表，将能使职位的设计更合理、更接近事实。当完成部门内纵向的工作评价后，即分批与评价委员会进行横向讨论。

表 6—7　　　　　　　　　沟通协调

定义：指为完成任务或工作而需要与人接触的性质、方式及对象。

1	与人接触的性质（单选）
(1)	在工作上与人接触为非必要性质，其会与人接触的概率
(2)	在工作上有联系的单位或事务的形态是固定而且明确的，其与人接触的频率
(3)	在工作上必须与不固定的人士接触，或需要洽商非例行性或非经常性的问题，其与人接触的频率
(4)	在工作上需要洽商本部门目标、策略与执行、成效，其与人接触的频率
(5)	在工作上需要洽商全公司（或分管全公司部分业务）的经营策略、政策、目标，其与人接触的频率
2	与人接触的方式及沟通的困难程度（单选）
(1)	与人接触系提供或获取简单的、纯事实性质的数据，其沟通时的困难程度
(2)	与人接触时需做说明、解释或交换意见，其沟通时的困难程度
(3)	与人接触时需做各项推理，以说服他人采取行动，其沟通时的困难程度
(4)	与人接触时需要经常在有争执或复杂的状况下，居间协商，影响他人采取合作的态度，以解决问题，其沟通时的困难程度
(5)	与人接触时对本公司整体性问题上采取辩护、说明，以争取他人协助、支持、合作，其沟通时的困难程度

五、评价委员会同时进行部门评价

评价委员会在部门主管自评期间，应同时对所有职位进行第一轮的评价，一方面练习与习惯使用中的评价量表，一方面对将来所要评估的职位进行全盘了解，必要时可以请相关单位提供辅助的数据。因评价委员需要依量表的标准评价全公司所有的职位，其所看的高度与广度当可适度减低其可能有的本位主义，以逐步建构出一致的评价标准。

六、评价委员会进行差异讨论

此时外部顾问就应全程参与，并逐一制作记录，部门间讨论的先后顺序应由外而内，由主营运流程中的部门到一般间接部门，讨论时外部顾问的主要工作是负责解说量表的含义，务必促使参与者都能产生共同的认知标准。当共同的标准尚未建立以前，争论在所难免，下级部门主管应拿出更多的佐证资料以说服委员，若仍无共识与结论，应该适时予以搁置。顾问应保持中立，协助委员发现问题、厘清事实，符合流程与商业逻辑，控制与掌握讨论的情绪与时间、进度，记录讨论的争执点并提出专家的建议，但决策仍应该由评价委员会负责。

工作评价时应遵守以下原则：

1. 工作评价适用于组织内所有职位，每个职位应以相同的评价要素来评定该职位的薪点，若有特殊的职位应由专家评估确认后才可不纳入工作评价体系。

2. 执行工作评价时，要以担任该职位的熟手应具备的能力标准来评价，不能以目前任该职位的那个人的现有能力与表现状况绩效来评价，这样才能评出该职位的标准薪点。

3. 公司应设立评价委员会来执行评价的工作，以取得共识、分摊责任。工作评价虽以该职位的一级主管所评价的为基准，但评价委员会其他成员的意见也应列入参考，这样不但能达成内求公平的目的，也可经由评价消除各部门的本位主义。

4. 工作评价应具有足够的水平层次，才能区别全公司职位间的差异，并以梯形职级排列出来。

七、确认各职位薪点数

经与各部门讨论后得出部门内纵向职位的评价点数，再将各部门的评价结果汇集成薪等薪级表初稿，进行全公司的职位点数排序，由评价委员会进行跨部门横向的整合，此时评价委员常发现其直觉的、主观的职位排序与汇总出的排序会有相当的落差，我们仍应逐一检视其合理性，完成评价点数。

八、市场薪资调查

完成职位评点主要是确保内部公平，薪资市场调查主要是寻求薪资具有劳动力市场的竞争力，故应找出高级、中级、低级的标准职位与竞争同业相称的职位相类似的工作内容以了解其薪资行情，再依企业的薪资政策以决定企业的薪资曲线，再依职位薪点换算成点值。

九、确认薪资结构与薪等职等

确认过薪等薪级表（见表6—8）后将点值与薪点相乘得出熟手的标准薪资区间，再依序建立各职位的薪资区间，并依薪点切割成数个薪等，为利于人力资源管理中的任用管理，所以薪等应该等于职等，进行职位分类。

表6—8　　　　　　　　　　　薪等薪级表

职等	编号	单位	职务	职称	点数	生手	半熟手	熟手	资深	上限	点值
六	1	技术部	技术	总工程师	430	52 480	59 040	65 600	72 160	78 720	120
	2	营管部	营管	经理	360	45 760	51 480	57 200	62 920	68 640	120
	3	生管部	生管	经理	336	43 456	48 888	54 320	59 752	65 184	120
	4	生产部	生产	经理	327	42 592	47 916	53 240	58 564	63 888	120
	5	技术部	技术	项目经理	319	41 824	47 052	52 280	57 508	62 736	120
五	6	财务部	财务	经理	317	41 632	46 836	52 040	57 244	62 448	120
	7	营业部	营业	经理	312	41 152	46 296	51 440	56 584	61 728	120
	8	品保部	品保	经理	299	39 904	44 892	49 880	54 868	59 856	120
	9	稽核室	稽核	经理	276	37 696	42 408	47 120	51 832	56 544	120
	10	技术部	研发	科长	272	37 312	41 976	46 640	51 304	55 968	120
	11	生产部	生产	科长	222	32 512	36 576	40 640	44 704	48 768	120
	12	生产部	包装	科长	219	32 224	36 252	40 280	44 308	48 336	120
	13	生管部	采购	科长	214	31 744	35 712	39 680	43 648	47 616	120
	14	技术部	技术	科长	207	31 072	34 956	38 840	42 724	46 608	120
四	15	品保部	品管	资深工程师	204	30 784	34 632	38 480	42 328	46 176	120
	16	技术部	研发	资深工程师	198	30 208	33 984	37 760	41 536	45 312	120
	17	生管部	仓管	科长	192	29 632	33 336	37 040	40 744	44 448	120
	18	生产部	备料	科长	192	29 632	33 336	37 040	40 744	44 448	120
	19	管理处	总务	科长	191	29 536	33 228	36 920	40 612	44 304	120
	42	管理处	人资	管理师	112	21 952	24 696	27 440	30 184	32 928	120
	43	财务部	财务	管理师	110	21 760	24 480	27 200	29 920	32 640	120
二	44	技术部	样品	工程师	109	21 664	24 372	27 080	29 788	32 496	120
	45	生产部		工程师	109	21 664	24 372	27 080	29 788	32 496	120
	46	生产部		工程师	105	21 280	23 940	26 600	29 260	31 920	120

十、完成薪资管理办法

工作评价仅是薪资管理中的重要一环，当确认工作评价结果后应将薪资管理的文本、流程、窗体与权责整理成管理办法，通常薪资管理办法包括总则、薪资政策、工作评价、薪资科目、扣缴所得、考勤规定、薪资计算与发放薪资调整与附则，完成薪资管理办法后薪资的管理将有所遵循。

十一、职等职称对照表

职等完成规划之后首先就是要建构职位分类体制,职位的结构是职等+职务+职称,职务是从事任务的专业分工,如会计、出纳、进料检验、品质管理、生产技术、研发等,职称有组长、科长、经理、副总等,资格职称有作业员、技术员、助理工程师、工程师、高级工程师、总工程师等,经组合后与职等对照如图6—3所示。

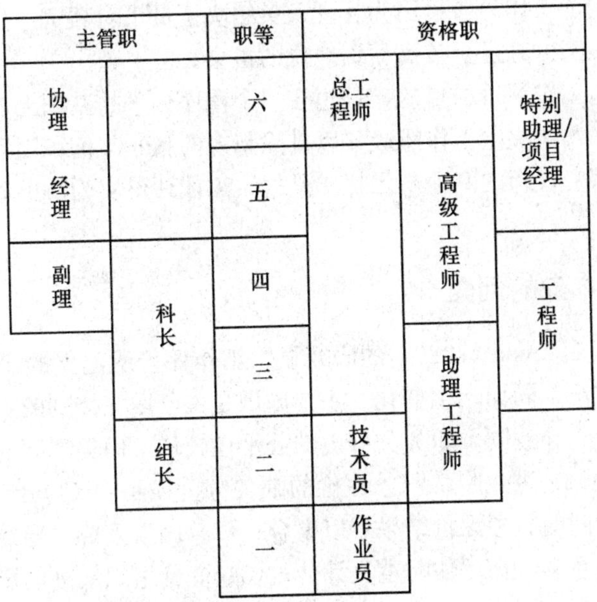

主管职	职等	资格职	
协理	六	总工程师	特别助理/项目经理
经理	五	高级工程师	
副理	四		工程师
科长	三	助理工程师	
组长	二	技术员	
	一	作业员	

图6—3 职等职称对照表

第四节 工作评价需考虑的问题

工作评价的目的是希望以科学方法,对企业中每项工作都能作相对和比较的评量,以所评量的结果作为制定薪资或核算待遇的参考。因此,工作评价是协助作决定与判断的工具。工作评价宜考虑下列问题:

一、员工抗拒问题

任何组织实施工作评价的目的并不在于减低成本,而是希望作为公平支付薪资的基础。因此，在实施评价之前，必须先建立正确的评价观念，有计划地开展宣传，促进观念的沟通。只有得到员工的同意与了解，才能取得真诚的合作。

二、管理抵制问题

有时管理人员也会对工作评价提出反对意见，认为这种评价减弱了他们决定工作等级的权力。实则，在工作评价基础下，管理人员固不能单独决定工作等级，但在评定工作等级前，仍有机会审查工作分析与评价资料，并提出意见。况且工作评价决定了工作等级，已为管理人员解决了员工对薪资产生的不满，同时又已明确指出员工可升迁至较高薪资地位的机会。

再者，实施工作评价的目的，是想在一个程序公平的基础上，用集体讨论及分析的方式，来共同决定工作等级，以排除私人的臆断与徇私因素，如此可减少管理人员有关薪资管理的麻烦与困扰。是故，工作评价实为协助管理阶层决策的最佳工具。

三、评价本身的问题

Madigan & Hoover（1986）的研究显示工作评价所建立的职务价值与公平性，随着评估方法不同而产生变化。主要原因是由于职业类别的不同，或是各部门分别进行评价，导致同一职务类群内的公平性较佳，而类群间的公平性不足。

Weiner（1991）进一步将职务评价的缺失分为四种：（1）结构格式上的不一致，导致类群间的职务评价结果难以整合；（2）因素重叠，导致不同的可报酬因素却具有相同意义，在评估时重复计分；（3）受到组织层级的影响，层级较高的职务，给予较高的评价，产生循环性解释的弊病；（4）性别偏差，忽视女性专长职务所应具有的价值因素。

四、评价执行上的问题

我们在执行工作评价时应避免犯以下错误：
1. 要素措词太过细密或太笼统。
2. 要素所设不够全面。
3. 含糊的组织结构与职位说明书。
4. 工作评价单凭职称或职务被不当夸大。
5. 评价人员存有偏见。
6. 工作量具有季节性。

不过，工作评价方法毕竟比一般未经分析与主观臆断要合乎科学原则。工作评价至少已在组织的各种工作之间建立了科学的基础。由于工作条件的不同，工作评价很难建立绝对的评价标准，但至少已在工作之间做到同工同酬，以点核薪的理想。工作评价方法可使用计量，使工作条件数量化，用统计方法加以计算与校正。

虽然工作评价有这些缺失，但不可讳言，它仍是维持薪资公平的方法之一，在许多情况下仍是相当合理的给付基础，只不过在实施时要稍加修改，并配合其他方法（Weiner，1991；Gupta & Jenkins，1991）。值得注意的是，职务评价只站在公司内部的观点来评估职务本身的价值，至于外在环境、个人因素，以及员工额外努力等，则非职务评价的考虑重点。唯就国内企业而言，职务基准性薪资所受的重视程度仍为最高（曾铭传，1987；李德玲，1992；诸承明，1995），即可为佐证。

第7章

薪资结构

简单地说，薪资结构主要反映不同职等的等幅或薪幅，使所有评价后的职位均能一一置于结构表中，并可从中看出其分布的状况与范围，构成一条薪资曲线带，以便较为容易比较、分析。

一般的薪资结构主要由两个层面组成，第一个层面为职等或薪等，第二个层面为薪点或薪资范围。

第一节 职 等

分等的原则如下：

1. 职等划分应与薪等一致，并以薪点的方式来表示。

由于薪等系按薪点的连续范围，以区分成数个较大的范围区间，然而每一个薪点代表着各个职位不同的评价结果。为了处理上经济、方便，我们在职位众多时不逐一划分各职位，而是将相近的评价结果置于同职等之中，用包裹的方式处理称之为职等或薪等。

2. 考虑职位之间的升迁关系。

下一职等与上一职等间具有升迁的直接关系，故在考虑每一薪等范围时，应同时考虑每一职等的"停年"时间与晋升至上一职等的衔接等级，而划分出恰当的职等数及范围间距。

3. 考虑本职位与其他职位之间的关系。

不同职种、不同职组或不同职务间均存在着互动的关系，职位的评价绝不仅是评价点数的数字问题，其间尚包含社会的价值观、同事间的认同与个人的期望，故本职位与他职位之间的关系是分等时很重要的考虑因素。

4. 职位分等由决策者或专业人士所制定。

职位分等作业的初期应要有对此作业熟悉又专精的专业人士参与，当较客观性的资料分析至某一阶段后，此时无可避免地会有一些较主观的价值判断在内，这就需要最高决策者做决定。人创造了制度，制度养成了习惯，习惯衍变成企业文化。

5. 制定的过程应公平、公正、公开，彼此信任，不存敌意。

其实每一个制度制定的过程都应该公平、公正、公开，如此才容易取得共识，彼此信任，消除敌意，尤其是与个人有密切关系的制度。若分等规划无法取得大多数人的认同，则推行起来必然阻力重重，事倍功半，耗费组织资源。

6. 职等多寡视组织结构而定。

职位分等的职等数目，因不同的组织结构而有所不同，较多或较少均有其优缺点（见表7—1），适合组织的文化与需求才是最重要的。

表7—1　　　　　　　　职位分等较多和较少的优缺点分析

职等较多	职等较少
优点： 1. 升迁的机会与空间较大，员工满意度提高 2. 职位较易安排 3. 可避免晋升调薪幅度过大 4. 可多次晋级，以延伸晋升的年限	优点： 1. 记录保管越容易 2. 评价错误或因职责变动而衍生的问题较少 3. 由低职等升到高职等较不易 4. 不同职等间薪资间距范围重叠现象较少时，员工晋升较有成就感
缺点： 1. 职务切割过细，造成不必要的重叠 2. 晋升调薪幅度小，使晋升缺乏激励作用 3. 晋升年限太长，无法满足能力强但不愿等排队慢慢爬升的人，易造成员工流动率偏高，士气低落	缺点： 1. 不能把两个实际有差异的职位在薪资上显出差异来 2. 职等较少会压制晋升，若职务上由某职位调迁到较重要的职位，而可能仍在同一职等，在心理上总觉得有升跟没有升一样 3. 升等的机会与空间较小

7. 留下决策文献。

需要参考职位说明书，在编订的同时，以文字叙述分等理由，留下决策者下决定的主客观信息，以供日后参考。

第二节　薪资区间范围

经过工作评价后我们把某些职位归入同一职（薪）等，此即表示该职等中的工作职责或成果是相当的。

若薪资区间范围太大，则表示在同一职等间的员工薪资最高薪与最低薪之间差距将拉大，区间等级划分的功能将易模糊，员工不易认同，加大推行阻力，也失去设计薪资区间范围的本意。

但若范围太小，则表示员工很快就可达到薪资区间的顶点，也缺乏充分的空间来彰显职位间的差距，故可能会以增加职等的方式来弥补，当职等增加太多时，便会带来许多不必要的内部竞争与频繁的升调作业。

一般而言，每一薪等的最高薪与最低薪的差距应为最低薪的 1.5～1.8 倍之间较为合理，如图 7—1 所示，但因低职等在劳动力市场上薪资较为固定且晋升的空间较大，故区间范围较小。高职等在劳动力市场上薪资较具弹性且晋升空间较小，故区间范围要大，才能掌握人才竞争的优势。

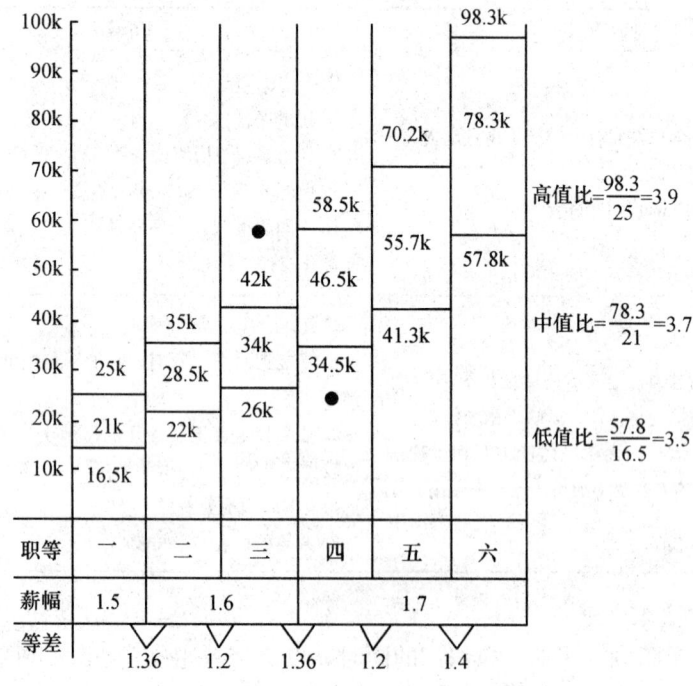

图 7—1 等段式薪资表设计（模板）

第三节 薪资重叠范围

一般在做薪资设计时我们经常忽略了薪资与人员晋升制度的配合，故未能在不同职等间详细地考虑相邻职等的重叠部分是否合理。在此本书特别强调两相邻职（薪）等的重叠部分在薪资结构与人员晋升制度中的意义，旨在使低职等的员工不因任用资格与职务的限制关系，使其薪资水平永远落后在高职等之下，而能以日后在工作上努力的、优异的表现，获得比上一职等更高的薪资，使薪资在结构设计上具有激励员工努力向上表现绩效的正面意义。

在相邻两职等间升调时，薪资的跨距不会太大，而能在上一职等中找到相近的薪资，一方面降低经营者的薪资成本，使经营者乐于执行员工晋升轮调，一方面员工也可因工作上的努力与好的绩效表现，虽未能符合晋等的规定，但仍然有升薪的空间，具有激励员工向上的积极作用。

然而重叠部分应该多少才恰当呢？若重叠的太少，则相邻的两职等的中点薪相差较大，造成每一员工均需要晋升到最高薪时才有晋升上一职等的资格，对人员不起作用，无法满足现代"新人类"员工的需求，对某一职等中最高薪的员工而言，更会有"差之毫厘，失之千里"的遗憾。

反之，若重叠太多，可能造成员工因薪资差异不大而回避升迁不愿在差异不大的薪资下，担任责任大的职务，所以在薪资重叠部分应配合人事升调的策略来设计才合适。但一般而言，相近两职等薪资重叠在30%～60%范围内为宜，如图7—2至图7—5所示。

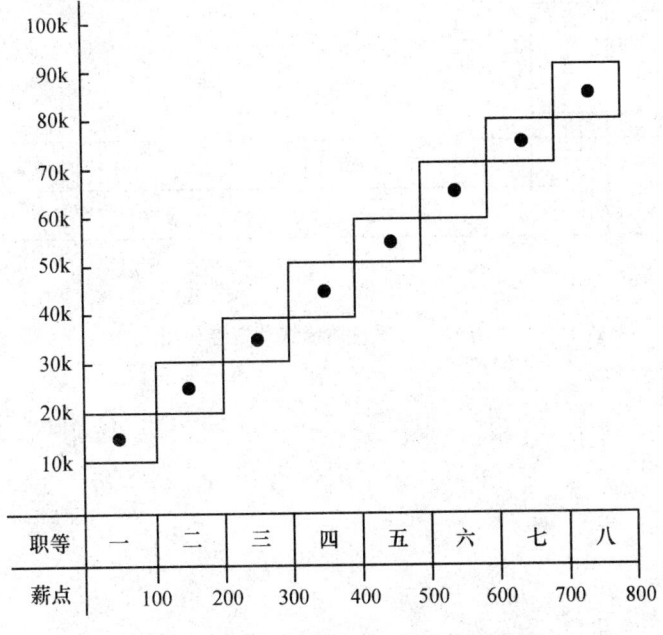

图7—2　不重叠正阶梯式薪资结构图

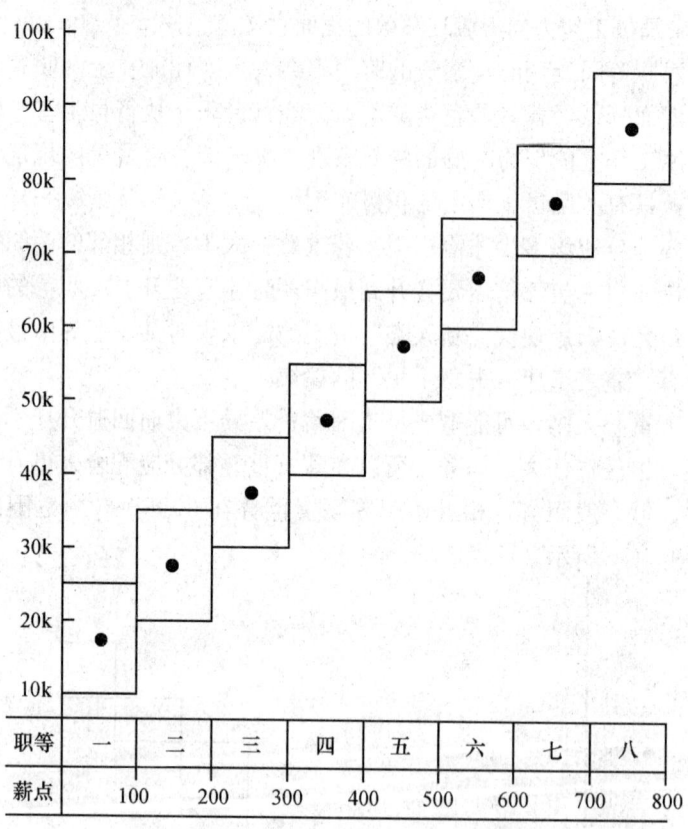

图7—3 重叠阶梯式薪资结构图

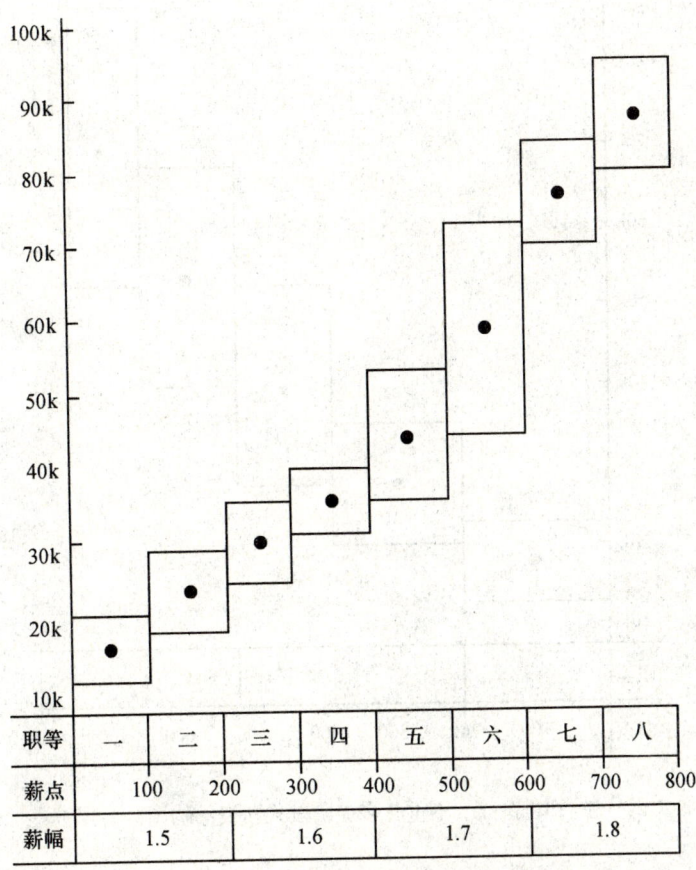

图7—4 重叠变幅阶段式薪资结构图

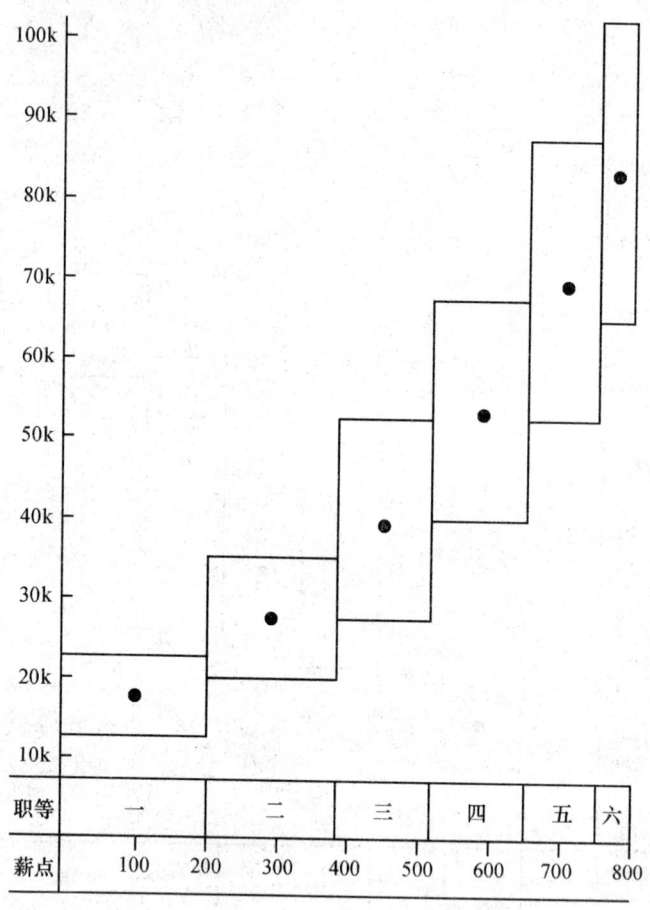

图 7—5 不重叠多变阶段式薪资结构图

第四节 薪资曲线

我们将薪资结构图中各职（薪）等的中点薪用线连接起来即成为薪资曲线，将薪资结构图中各职（薪）等的薪幅顶点薪用线连接起来即成为上限薪资曲线，将薪资结构图中各职（薪）等的薪幅起点薪用线连接起来即成为下限薪资曲线。

在上下限薪资曲线内形成一连续的薪资曲线带，当我们重新设计薪资结构时，可将现有的员工薪资描绘在薪资结构图中（见图 7—6），在经工作评价结果而得的薪资曲线带，将很容易找到落于薪资曲线带以外的薪点。

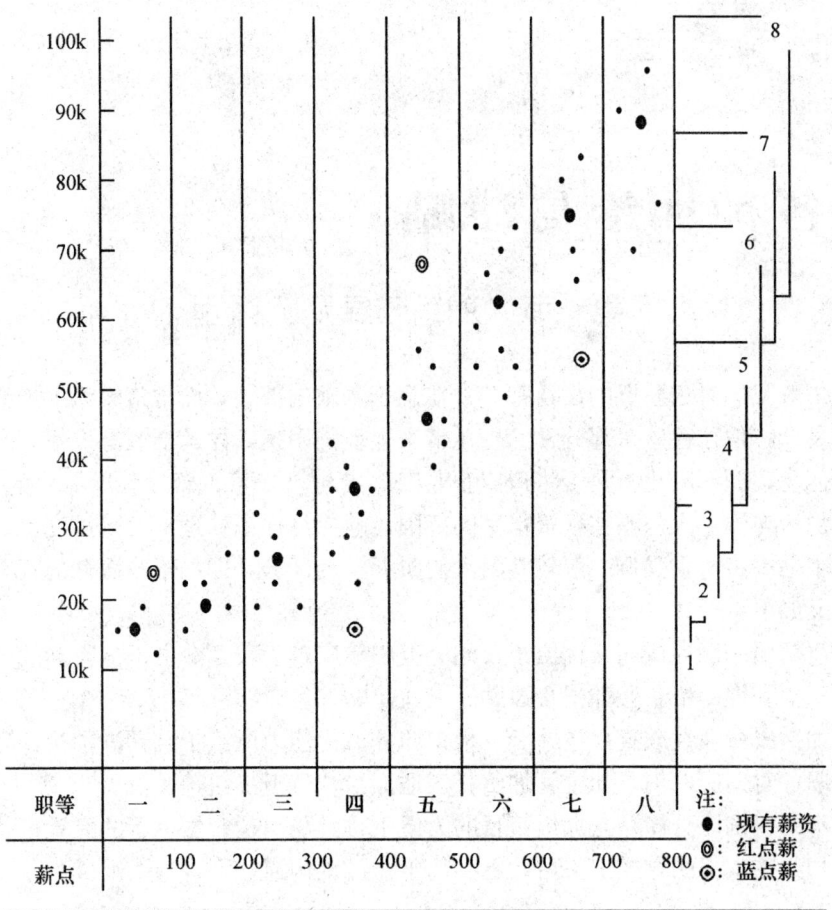

图 7—6　评价职位薪资曲线分布图

　　一般将落后于上限薪资曲线之上的薪点称为红点薪,将落后于下限薪资曲线之下的薪点称为蓝点薪。简单地说,将现有实际的薪资套入新设计的薪资结构图时,我们首先要处理的即是红点薪与蓝点薪的问题,此时也可绘出实际的薪资曲线及实际的薪资曲线带,来观察现有薪资分布的情形,以拟订策略与执行步骤,逐一改善薪资结构。

第8章

各种加给与津贴

第一节 加给与津贴的区别

一般我们对于薪资的设计都非常在意于本薪的部分,而常常忽略了加给或津贴的设计,但往往这一部分常给企业带来很多的困扰,尤其谁该有谁不该有?标准为何?该如何废止?是否将造成企业二次给付(加班、资遣、退休)的问题?由于加给与津贴大都不在薪资保密的范围,故更添加了处理上的困难度。

本书中将特别强调一般较常为人们所混淆的部分,即加给与津贴的区别,并予定义如下:

津贴属一般性或间接性给予,涵盖范围较广,为较多数员工能得到的生活辅助性、福利性的给予,如伙食津贴、交通津贴、房屋津贴等。

加给属专业性或直接性给予,根据职务执行能力所给予且具激励性,当不执行该职务时即应取消,如主管加给、工地加给、警卫加给等。

本书特别区分津贴与加给其目的为便于解说与沟通。据笔者的经验,若将津贴与加给按本书的方式定义后,更有助于与员工沟通。

第二节 加给与津贴的给付原则

不论在薪资策略上或薪资设计与实务管理上,加给与津贴的设置对整体薪酬策略及薪资体系而言都是非常重要的。在早期,一般的薪资给予有一大部分是实物配给及生活性津贴。然而数十年来,社会的快速变迁,经济的快速发展,技术的不断革新,工作环境也产生了巨大的变化,为适应薪资市场的需求创造了许多新的加给与津贴名目。

加给与津贴的设置应遵守以下几项原则:

一、避免任意设置

在企业体中我们经常看到某些职位因本薪太低或新增加了一些工作内容,员工吵着加薪,但企业主因从未建立工作评价制度,故担心加薪加在本薪上会引起其他负面的连锁反应,而以经验直觉的判断,设置一项新的加给或津贴来暂时应对。

久而久之,加给或津贴,企业越设越多,而后只要有类似的情形,大家便如法炮制,当然结果可想而知,问题常常演变到无法收拾的地步。故不论加给或津贴,企业在设置之初即应考虑整体的薪资策略、薪资结构与设置的主旨、条件、标准,严格审查,以防未然。

二、建立设置法则

设置容易废除难,当我们决定设置一项新的加给或津贴以后,即成企业中的一项惯例和员工的一项收入,与员工的所得息息相关,可想而知,不论中途以何种理由要废止的话,常会招致员工激烈的抗拒,员工会很单纯地认为这是减薪,是剥夺员工的福利。

所以在设置新的加给或津贴时,除了设置的主旨要非常明确外,对于支付的条件、标准及可能发生变化的变更处理等都必须考虑周全。同时,在设置之始即加入落日条款,使在功能消失后或实行一段时间后即自动失效,使劳资双方均能有一段适应的期间,彻底检讨该项加给或津贴的存在必要性。

三、以定额的方式给付

有些企业的加给或津贴是以本薪的一定比率来支付,随本薪的调整而调整,看似简单容易执行,但却存在许多不合理的现象,尤其是津贴的部分更为明显。如伙食津贴并不因本薪领得多而比别人吃得多,交通津贴合理的分配应以上班的距离、交通工具的不同来给予。故任意采用比率方式来计算津贴时,当本薪增加时,津贴也自动增加,企业的负担也同时增加,造成企业不敢加本薪而拼命去设津贴,而津贴逐年加多加大,又废止不易,对于提高工作效率丝毫于事无补。所以,应采取定额给付的方式为宜。

四、加给及津贴以不超过全薪的 20% 为限

近几年来,社会经济环境变化迅速,对间接性津贴的需求减少,代之而起的

是直接性与劳动力、绩效有关的加给部分需求较多，对工作绩效确实具有激化的效果。加给与津贴对薪资的整体比重不应超过 20%，以免破坏了整体薪资结构与制度。

第三节 加给与津贴的设立标准

一、各种常见的加给和津贴名目

1. 加给

加给的种类主要有主管加给、技能加给、危险加给、工地加给、特勤加给、外地加给、特支费。

2. 津贴

津贴的种类主要有伙食津贴、交通津贴、值班津贴、生活津贴、子女教育辅助津贴、住房津贴。

二、设立标准（范例）

1. 主管加给

（1）首先定义主管名称，何为主管？何职等适用？副主管是否适用？代理或权理时是否适用？

（2）如何支付？何时止付？破月计算方式？

（3）等级如何划分？各等差距多少？

（4）兼任、代理或权理时是否可重复领取，抑或择优领取，抑或只能领取原职位加给？

2. 交通补贴

（1）首先定义给付的条件，是每一员工统一金额？抑或按员工住宿地点至上班地点的距离或交通工具种类的不同而有差别？

（2）如何支付？是实报实销？限额内实报实销？还是定额给付？

（3）若以距离区分给付时以何为凭？户籍证明或联络地址若有变更如何证明？

（4）若以交通工具区分给付时以何为凭？如何证明？

第9章

薪资调查

第一节 调查目的

一般产品从研发至成熟阶段,在商品化推出之前均会透过各种方式向目标市场做市场调查,以了解市场接受程度,确切掌握市场动态及反应。

然而在劳动力市场,因不同的时间,不同的环境,不同的地区,不同的企业,不同的职种,会出现不同的薪资水平,我们为求知己知彼,了解薪资市场行情,也需要透过薪资市场调查来搜集情报,以控制营运成本,故薪资调查是薪资管理上首要的一环。由上观之,薪资调查的目的大致可区分如下:

1. 作为公司制定薪资与福利制度的重要参考数据。
2. 收集特定目标的薪资,以了解公司在市场中的定位。
3. 了解各评价职位在同业中的平均薪资水平,找出薪资不合理的职位。
4. 作为吸引或留住人才及控制薪资预算的信息。
5. 建立同业间良好的互动关系,避免恶性竞争。
6. 探讨目前薪资的给付方式及未来的调整方向,作为薪资调整的参考。

第二节 调查区域

1. 较低薪或低专长的职位者,如现场作业人员,人力招募来源常受区域性影响,故以企业所在地行政区为调查范围。
2. 较高薪或高级技术专业人才,如行政、管理、专业人才,其人力招募来源不受区域限制,故宜以大区域(北、中、南)为调查范围。
3. 介于低职位与高职位间的技术人员或管理人员,若其人力招募来源为内部晋升者,较能认同企业文化,故宜以当地薪资调查为范围,酌定其薪资标准。若其人力招募来源系以对外招募为主,且招募区域不限定在当地者,宜做大区域薪资调查,更能真实掌握该职位薪资行情。

第三节 调查对象

一、选定对象

1. 国家

（1）本国企业：本国企业的员工大都在本国公司间流动（任职），故本国企业在选择调查对象时应以本国公司为主。

（2）多国企业：非本国企业的员工大都在非本国公司间流动（任职），故非本国企业在选择调查对象时应以非本国公司为主。

2. 厂商

（1）竞争厂商：在本行业中竞争厂商是薪资调查的主要对象，故在选择时必须列入且样本数不宜过少，应占总调查数一半以上。

（2）非竞争厂商：非本行业但其招募员工的专长与本企业所用员工的专长同质性很高，且也可能成为本企业未来的竞争者（潜在的竞争者）。

3. 地区

（1）同一地区：本企业生产所在地，或大部分员工住所分布地区。

（2）不同地区：系指涵盖企业所有可能招募来源的区域，以了解可能招募地区劳动力市场的薪资状况，供企业调整其薪资策略。

二、选定样本

1. 调查对象的样本数过少则较不客观，若过多则易造成企业本身行政工作负担沉重，故适当的样本数应在 20～30 家公司左右，并视情况增减。

2. 低职位到高职位都要选取。

3. 功能部门间职位要平均选取。

4. 员工较多的职位或习惯上被员工当做比较基准的职位。

三、调查内容

就薪资调查的实务面而言，在不同企业间其职位、职称、职务内容、评价方式、叙薪方式、奖金、福利措施、晋升制度、工作时数等均不尽相同，故对调查内容若未能妥善规划则不仅调查数据无法做系统性整理，更可能会误导或扭曲调查资料的实质内涵，如此对企业及员工均不公平。

例如，甲公司业务经理月薪五万元，乙公司业务经理月薪八万元，我们是否就能以这简单的数字来断定甲公司业务经理的薪资比乙公司业务经理低呢？

我们都非常了解，即使在同行间，同样是业务经理，有的有较高的业绩，有的需要负本单位的盈亏（利润中心制），有的需要制定完整的营业计划或策划企业未来数年营业方向，还有的业务主管除月薪外尚有盈余分红或保障最低年薪或其他福利，真是不一而足。

因此，在从事薪资调查时需要特别注意，不能仅以职位或职称来作比较，而要以实质的工作内容及职责权限与绩效要求的标准等进行综合评比。

一般而言，我们可概略将薪资调查的内容区分如下：

1. 公司概况：包括负责人、联络人（人事单位主管）、资本额、营业额、主要产品（业务）、公司成立时间、地点、直接员工与间接员工的分布状况等。
2. 工作时间：包括每日、每周、每月的工作时数、天数、周六、周日及休假，法定节假日，每日上、下班时间与休息时间。
3. 本薪状况：包括新进人员的职别及学历、经历与薪资的关系。
4. 薪资结构：包括各种名目加给或津贴。
5. 调薪方式：包括调薪的对象、次数、时间及试用期满或其他调薪方式。
6. 历年调幅：包括最近数年受调查职位的平均调幅（百分比）。
7. 加班计算：包括平时及假日的加班计算方式、可报销加班费的对象。
8. 奖金红利：包括各项奖金名目及发放基数、基数计算基础、发放日期。
9. 福利措施：包括劳工保险、团体保险、旅游计划、购车辅助、购房辅助、交通车接送、油费辅助、宿舍、供应午餐等。
10. 职务内容：包括职位说明。

以下是几种薪资调查表。

薪资调查表

人事主管：　　　　　　　　　　联络电话：

主要业务（产品）：

1. 现有直接员工_____人，间接员工_____人，合计_____人
2. 工作时间：

每周平均工作_____天，□每周六休假　□隔周六休假　□周六下午休假

上午_____上班，下午_____下班，中午休息_____分钟

每周实际工作时间（不含午休）_____小时

3. 新进间接员工薪资（如有固定津贴及加给请列入）

学历、经历	研究所		大学		专科		高中、职校		备注
职别	2年以内	2~5年	2年以内	2~5年	2年以内	2~5年	2年以内	2~5年	5年以上

薪项：□单薪　□本薪　□伙食费　□全勤奖金_____　□主管加给_____

　　　□职务加给_____　□绩效奖金_____　□加给_____

　　　□其他_____　□奖金_____

4. 交通费：□无　□免费　□扣_____元

宿舍：□无　□免费　□扣_____元

午餐：□无　□免费　□扣_____元

5. 调薪方式

□同一时间全体调整，一年____次　生效日期：　月　日

□同一时间部分调整，一年____次　生效日期：　月　日

□依个人到职日调整，一年____次

□试用期_____天，试用期满　□不调薪　□调薪_____%

□其他，请说明_____

6. 历年平均调幅

2003年主管_____%，间接员工_____%，直接员工_____%

2004年主管_____%，间接员工_____%，直接员工_____%

2005年主管_____%，间接员工_____%，直接员工_____%

2006年主管_____%，间接员工_____%，直接员工_____%

7. 加班费

□所有人员均可报销加班费

□部分人员无加班费，请说明_____

□无加班费以补休方式处理

□其他，请说明_____

8. 加班计算

　　　　前两小时　后两小时　假日　□全薪

平时加班　____倍　____倍　____倍　□半薪

假日加班　____倍　____倍　____倍　□其他

9. 奖金/红利，计算基础

发放基数　全薪　本薪_____　发放日期

年终奖金_____月□□□

端午节金 ＿＿＿＿＿月□□□ ＿＿＿＿
中秋节金 ＿＿＿＿＿月□□□ ＿＿＿＿
＿＿＿奖金 ＿＿＿＿＿月□□□ ＿＿＿＿
其他 ＿＿＿＿＿月□□□ ＿＿＿＿
年终奖金：2005年＿＿＿个月，2006年＿＿＿个月，2007年＿＿＿个月
10. 福利措施：＿＿＿＿＿＿＿＿＿＿＿＿＿＿＿＿＿＿＿＿＿＿＿＿＿

薪资结构比较表

代号/项目	本薪	伙食费	主管加给	加给	其他
A					
B					
C					
D					
E					
F					

各种奖金比较表

代号/项目	年终奖金	端午节金	中秋节金	绩效奖金	其他奖金
A					
B					
C					
D					

加班费计算比较表

代号/项目	按劳动法	主管无加班费	排除人员无加班费
A			
B			
C			

每年调薪幅度及频率比较表

项目	2005年		2006年		2007年		每年调薪次数	
代号	主管	员工	主管	员工	主管	员工	甲	乙
A								
B								
C								

福利项目比较表

项目代号	购车		制服		团保		旅游	
	公司	个人	公司	个人	公司	个人	公司	个人
A								
B								
C								

第四节 调查方式

一、资料来源

1. 由公司人事部门负责调查。各公司人事部门主管或薪资管理的负责人，通常以联谊方式或私下交换数据。

2. 委托专业的顾问公司调查。专业的顾问公司强调专业的调查技术与道德，绝不将客户的薪资资料透露或转卖给他人，保密性高，在公布调查报告时，也仅以代号的方式来称呼受委托的公司及参与调查的公司，以争取双方的信赖，较能取得准确性较高的薪资资料。

3. 由同业公会、职业工会、政府劳工行政机关、主管机关等单位获得。由于调查的方法不同，资料的可信度令人质疑。

4. 由公立、私立就业辅导机构获得。

5. 由专业刊物或求职广告、最近的应征信函资料中获得。尤其是近期的应征资料，可了解目前求职者的市场行情，是薪资市场调查中最有效最实务的信息，比较可靠。

二、调查时机

1. 公司离职率明显偏高时：一般稍具人力资源管理概念的企业均会在员工提出辞呈时与其恳切地面谈，以了解离职原因，若因薪资过低的原因所占比例偏高时，即需要实施薪资调查，以掌握劳动力市场薪资动态。

2. 当要招募人员而找不到合适的人时：前面第 2 章我们已阐述劳动力市场是经由供需双方来决定薪资的多寡，当某一期间、某一地区、某一职位因供需不平衡时，即会出现人员异动异常或招募不到员工的情形，此时即需要实施薪资调查。

3. 同业间有重大活动时：同业间有扩大招募人才活动时，劳动力市场的薪资水平是否上升？即需要透过薪资调查以掌握市场动态。

三、调查时间

1. 每年三月：观察劳动力市场的薪资变化，以适应我国旧历年后换工作的特殊文化。

2. 每年九月：观察公务员薪资调整后对劳动力市场的影响，并作为明年薪资预算的参考，以减低翌年初传统劳动力流动的冲击。

四、调查程序（见图9—1）

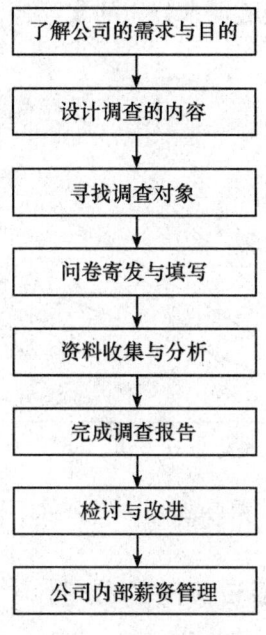

图9—1　薪资调查程序

第五节 薪资调查报告的运用

一、制作不同职位人员的薪资分布表

依薪资调查所得的资料按四分位法或百分位法归类,以了解薪资分布状况,再依最低薪资与最高薪资的差距,求出每项职位的平均薪资与其中位数及标准差。

二、绘出所有受调查职位的薪资曲线

这条曲线应尽量包括所有受调查的职位,在绘制出薪资调查曲线后可与本公司目前的薪资曲线相比较,以检视本公司的实际薪资地位。图9—2表示调查的薪资线与公司薪资线比较。

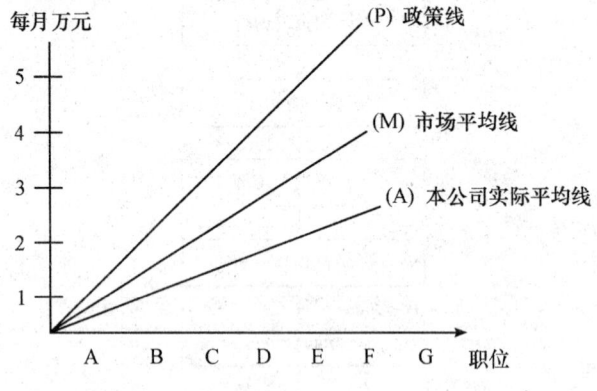

图9—2 调查的薪资线与公司薪资线比较

三、作为检讨本公司薪资策略的参考

在众多的数据中,我们如何来解读我们所要的数据,首要是确立本公司的薪资策略。假如本公司的薪资策略是支付同业的平均薪资水平时,就找各职位平均薪资水平作参考;假如本公司的薪资策略是支付同业的"四分之三位差"的薪资水平时,就找"四分之三位差"的薪资数据作参考。

四、作为本公司薪资曲线调薪的参考

所谓薪资曲线调薪即调整本公司的薪资曲线,使之与调查后薪资曲线保持适当的关系,但在调整的过程中我们不要忽视了可能会产生的"时差因素"。

因从调查开始至报告出炉,企业再经内部检讨后反映到本身企业的调整薪资,期间将经历数月,而外界薪资可能又产生新的变化,故薪资信息的掌握是否迅速,更新是否快速,均要克服"时差",注意实际薪资与薪资曲线的配合关系。

第六节 薪资调查可能面临的问题

一、企业主的支持与配合度不足

我国企业对薪资数据大多视为机密数据,而我国的中小企业更因薪资制度不健全,薪资管理未上轨道,且又存投机心理,只想要别人的数据而又不愿提供本身真实的数据,致使大多数企业不愿、不敢且也无法提供本身健全的薪资数据供调查单位使用,故我国企业老板对薪资调查的支持度与配合度均嫌不足。

二、不适当的样本及样本不合宜

您调查的样本应参考第三节调查对象,找出具有代表性的企业。通常我们会因调查的方便性、调查对象不易寻找而将就采用不适当的样本。

在样本公司确定后,我们要找出具有代表性的职位,通常我们会因参与调查的企业未提供类似于工作说明书之类的文件,致使提供的样本职位名称相似,但内涵确不加深究,而将就采用此不合宜的样本。

三、薪资结构不同,非财务性给付复杂

每一家企业都有其不同的企业文化,而孕育出不同的管理模式,故每一家企业的薪资结构都不尽相同。

有些企业较重视本薪,采用单一薪俸制,有些企业则除本薪外尚有名目众多的加级、津贴、奖金及非财务性的给付,如团体保险、交通费、宿舍、制服、午餐、停车位、职衔、专属秘书、专用办公室等,给付状况相当复杂。

所以有经验的或资深的薪资调查人员,都会在采用调查资料时先区别各企业

的不同点做差异性分析，而不仅以本薪或年终奖金的多寡来判定薪资给付的高低。

四、问卷设计不佳

薪资调查方式一般都以信函、电话、亲自拜访等正式、非正式或现场调查来取得所需资料。但不论以何种方式取得，其问卷的内容都是成败的关键，大部分企业因未能针对本身需要，事先设计适当的问卷内容、职位说明书，以致调查时忘东忘西，搜集许多不完整、片面的资料，造成而后汇整、统计、分析困难。

五、炙手可热的职种

先前我们谈过薪资是由劳动力市场供需来决定的，在不同的时期、不同的地区，劳动力市场对不同的职位会产生不同的需求，这也造成一些热门的职业，如近来电子信息业方兴未艾，电子、计算机方面的人才炙手可热，往往其薪资水平远超过一般性职位的薪资水平。对此类职位，最好采取个案处理，以免因某一职位的高薪而连带提高整体的平均薪资曲线。

六、调查资料保密不确实

薪资调查的资料得来不易，故不管此资料取之于何方，都应列为机密，尤其当资料来自于竞争厂商时更要注意保密。

一般我们在做薪资调查时不应有任何理由损害到参与调查的单位或个人。例如，仅标示职位、职称而不标示姓名，所有参与薪资调查的企业名号均以A、B、C或甲、乙、丙的代号公布。负责编撰的人也应严守职业道德，如此才能得到所有参与厂商的信赖，而愿意提供数据，协助完成调查任务。

七、"对事不对人"的困扰，不易区分能力及绩效

我们需要先了解薪资的内涵，对新进的无工作经验的人员而言，能评出一个客观的起薪，但对在企业内已工作相当一段时间的人员而言，经验、能力与绩效才是决定薪资的主要评估标准，而此时所调查出来的数据需要经一定方式过滤后才能使用。

八、时间上的落差掌握不当

一般来说，薪资调查从计划、寻找对象、寄发问卷、收集问卷、分析资料、

完成调查报告之时依所调查的对象多寡，大约需一至两个月的作业时间。

当完成报告后检讨改进本公司的薪资策略及薪资制度或薪资管理方式，直到能运用到薪资调整的具体工作上时，大约需一至两个月。

故一个严谨的薪资调查开始至实际落实到薪资调整上需两至四个月；若规模大时，耗时更久。所以，数据使用者在运用数据时，应特别注意掌握时间上的落差，以免使用过时的数据，使薪资水平落于别人之后。

第10章

绩效考核

第一节 绩效考核的目的

实施绩效考核的目的很多,包括调整薪资、决定晋升、安排训练、核发奖金及生涯规划等。除了以过去的考核作为论功行赏的消极意义之外,更兼顾员工技能提升训练与生涯咨询、规划、发展的积极功能,以求人尽其才。

国内大部分企业都实施绩效考核,只是施行的效果都不很理想,经常造成主管与部属之间的矛盾,部属否定绩效评估的公平性与公正性,主管也将绩效评估的工作视为梦魇,执行上也流于形式。

如果双方都能以正确的观念和心态看待绩效评估的正面功能,不仅员工能参与规划个人的生涯,也有助于企业整体的发展与人才的运用。如图10—1所示,为了不使绩效考核流于形式,为了使个人目标与组织目标能经由绩效考核而密切结合,采用目标管理是必要的方法。如果能一方面以目标管理设定目标,一方面以职位说明书设定工作要项,共同研讨出绩效考核的项目与标准,如此才能有效地把握住要考核的重点与方法。

绩效考核的目的是什么?一般老板认为应是考核员工勤惰、目标的达成、工作的改善、训练的成效等,而员工则认为是为了年度调薪。因两者的立场不同,期望也不同。员工真正关心的是自己的薪水是否合理,而企业主关心的是调薪造成薪资成本的增加后,是否能达到企业的利益目标,此两者间的认知落差只有靠绩效考核来联结。

子曰"不患寡,而患不均",考核贵在"给予每一位同仁公平合理的感觉",考核的标准愈明确、愈具体,且其结果与薪资的调整有直接的关联时,则员工明确知道努力的方向及预知可得到多少的奖赏,就容易激发员工工作士气,以追求更高的绩效。所以,应事先让员工了解绩效考核的关联性与重要性,再设计一套适合本企业要求的"游戏规则",可避免企业主觉得已付出这么多而员工仍不能谅解,以及员工认为奖赏不公,打击工作意愿,使劳资双方均未能互蒙其利。

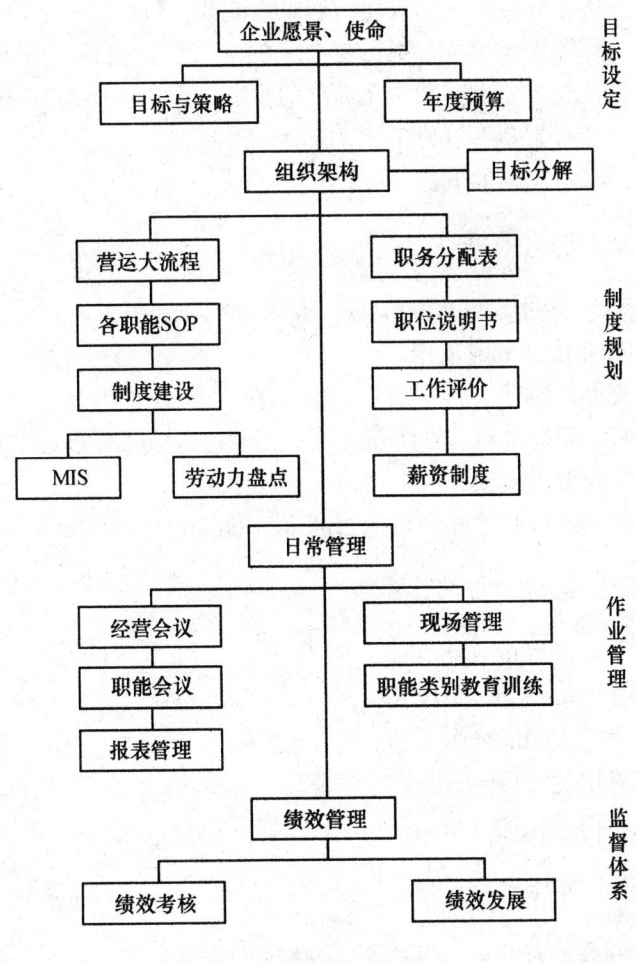

图 10—1 绩效考核图

第二节 绩效考核与目标管理

国内企业绩效考核的方法很多，本书特别强调的是绩效考核与目标管理、企业的 KPI 与个人的 KPI 如何密切结合与运用。

每一位员工根据公司的总目标及本职的职位说明书的任务与工作要项，与上一级主管共同设定年度工作目标，再将此目标划分为绩效考核的考核要项、绩效标准与考核结果三大部分，来比较员工个人的实际绩效与预期绩效的差异，并辅佐以考绩面谈来做差异性分析的双向沟通，以期改善目前绩效。

如若不以目标管理为手段，则员工个人的考绩全凭主管对部属平时的印象，如写回忆录般的片断的、模糊的、无标准的决定，因主管个人主观的意念与月晕效应，而常使考绩有欠公平与公正。

目标管理的基本原则如下：

一、目标设定的依据

1. 依年度计划透过 SWOT、BCG、P/M 分析而产生。
2. 没有拟定年度计划时依据：
（1）上级交办的事项。
（2）针对特定问题的改善：①解决问题的目标，②工作改善的目标。
（3）平行部门要求事项。
注意：避免主管认为重要的目标而部属没做。

二、目标设定的 SMART 要点

1. 明确的、特定性的（specific）。
2. 可衡量的（measurable）。
3. 可达成的（attainable）。
4. 与目标相关的（relevant）。
5. 有时效与时限性的（time limited）。

三、目标的指针

1. 预算达标率：营业额、生产力、利润率。
2. 实绩成长率：营业额、生产力、订单量、利润率、市场占有率、账款回收、新客户开发。
3. 改善率：成本、服务、交货期。
4. 节省率：人员、人事费、差旅费、材料费、广告费。
5. 回转率：资金、设备。
6. 劳动效率：出勤率、加班、工时。
7. 进步率：计算机化、事务管理。

四、目标值设定要领

1. 挑战性：指困难程度，没有改善的余地及例行性的工作不列入。
2. 可行性：以现有的人力、设施，经过相当的努力即达到目标。
3. 比较性：值的设定应参考标准值、预算值或实绩值（得与同业比较）。
   (1) 标准值：标准工时、理论产值。
   (2) 预算值：配合年度业务计划所编定的预期水平。
   (3) 实绩值：往年的实际达到数值。
4. 进步性：目标水平若必须参考往年实绩时，可以过去三年实绩平均值为参考基准，过去三年绩效已达标准值或预算值时，应寻求突破目标值。

五、目标项目选定要领

1. 挑选少数重要项目。
2. 避免太多或太少。太少难以代表全面性绩效表现；太多难以区分轻重、太烦琐，故以设3~7项为宜，但自设目标不得多于三项，上设目标不得少于五项。
3. 以成本及效率做交叉分析，配额权数设定来找出企业的KPI。

反之，绩效考核与目标管理相结合，目标由上而下展开，使公司、部门、个人的目标、策略、资源的使用在事前做完善的规划，则各级目标经设定并由部属加以执行后，主管人员应于期末对实际成果进行评核，做成书面记录，供绩效考核运用，此时绩效评估会更能发挥它的功效。

第三节　绩效考核表的设计

国内企业每年都会按时进行绩效考核，各级主管也均依样将考绩表完成后呈送最高主管审核，并由人力资源部门保管，一切似乎很顺利且理所当然，但往往在核发年终奖金、年度调薪、职位晋升时却置考绩于不顾。

究其原因，乃是考绩表一直未为最高主管所认同，换句话说，考绩表的设计与公司的文化未能配合。因为大多数公司的考绩表不是抄袭别家公司的表格，就是考核一些无关紧要的项目，并不能提供实际的状况给经营者做参考。

是故，绩效考核表的设计，可以说是整个考核制度的灵魂所在。一般来说，区分成两大类型，其一为输入导向，另一为产出导向。

输入导向考核的重点在个人的人格特质上，诸如领导力、服从性、忠诚度、品德、工作态度、勤勉等，这是基于一个假设即凡能符合这些人格特质者，就是绩效表现优异者，也是从事该项工作的成功因素；凡符合该项要素标准者，即为优秀的员工。问题是这些项目很难有一客观公正的标准，同时也忽略了员工个别的差异与不同职位所要求的绩效标准不同的事实。

而产出导向者考核的重点为达成目标的贡献度，强调员工的参与及绩效改善的努力，工作的过程与结果才是考核的重点，而以成败论英雄。

第四节 绩效考核程序

绩效考核的程序如下：

一、明确考核项目

以职位说明书所载的工作要项为经，以年度工作目标为纬，主管与部属共同认定工作绩效与目标的标准。

二、决定评估方法

组织人员少时可按个人的贡献直接排序；人员较多时，可用行为列举法或目标管理法来评估。

三、开始进行评估

评估之前应先召集有评核权的各级主管，说明评估的方法与注意事项，并尽量搜集相关资料，以公正、公平的心态进行评估。

四、执行评估面谈

面谈是绩效评估的关键，以往考核制度之所以流于形式，常因为考核的过程与结果都只是单向处理，故经由面谈主管可以让部属了解工作上的缺失，部属也可以让主管了解工作执行中的困难，并共同研拟出未来的改善计划，使考核工作由单向的、消极的结果转为双向的、积极的努力目标。

五、检讨评估结果

由人事部门搜集、过滤、统计、分析，找出相对差异性较高的被考核结果，再经人事评议委员会或绩效考核评审委员会等类似的组织，重新检讨复核评定，使绩效考核具有事后申诉救济的功能。

第五节 绩效考核的运用

绩效考核的目的与其考核的内容、方法、实施的频率有效配合是构成绩效考核运用得当与否的关键所在（见表10—1），其中最常见的目的有职位的异动与薪资的调整，但在企业资源有限的情况之下，分配资源成为企业体很重要的课题。

表10—1　　　绩效考核的目的与考核内容、实施频度与运用

目的/考核内容	奖励	薪资调整	职位异动	教育训练	能力开发	实施频率
工作绩效	◎	◎	○		◎	每月1次或每年2次
工作态度	○	○	○	◎	○	每年2次
能力		◎	◎	◎	◎	每年1次
人格特质		○	◎			每2~3年1次

注：◎比重较高者，○比重较低者。

故不论绩效考核采取何种模式或方法，比较与分配是必然的手段，但如何分配呢？以职位异动而言要重视的是未来的能力即潜能，组织中的职位毕竟有限，如何适才适所就非常重要了。

在僧多粥少的情况下，如何避免因竞争激烈而产生的遗珠之憾和人际冲突呢？一般企业均以薪酬调整为首要的考虑因素，辅以教育训练等职业生涯发展的机会，以留住优秀的人才。由此可知，薪酬调整是绩效考核的精髓以及不可或缺的一部分。

薪酬涵盖薪资与奖金，薪资调整应以考核工作绩效与能力为重，工作态度与人格特质次之。而奖金则以工作绩效为主，工作态度次之。由此可了解工作绩效（业绩）在以薪酬为目的的绩效考核中占有非常重要的地位。

然而，企业的人事费用是企业经营的主要成本，在激烈的竞争环境中，企业为保有其竞争优势，对薪资调整的弹性非常小，其幅度也很有限，所以如何在此有限的空间中发挥薪资调整的最大功效，依赖准确的绩效考核结果与有效的资源分配。

故以第二节绩效考核与目标管理结合为例，将企业（组织）的目标与部门的

目标、个人的目标相结合,以组织的目标达成的状况来分配可调整的范围,再以部门目标的达成状况来分配考绩的数值,再以个人的目标达成状况,而给予适当的考绩。

之所以采用以上方式,主要有以下三大理由:

第一,有限资源的分配效率。

因组织资源的有限性,故必须采取强迫分配法,但绝不是一般所谓的常态分配法。因企业中80%的贡献是来自20%的人,故应依个体对部门的贡献及部门对企业的贡献,采用适当的偏态分配方式,将更有助于企业资源进行有重点、有效地分配。

第二,个体风险与组织风险。

使个体与组织的经营风险相结合,在整体目标之下,个人的色彩较淡,团队的成功才是个人的成功,大家追求的不全是个人的最大利益,而是组织(企业)的最大利益,此举可相对降低企业的经营风险。

第三,个体公平与组织公平。

在求得组织公平之后,当然不能忘记追求个人的公平性,即同工同酬的原则。同酬较易理解,但同工则众说纷纭,应解释为相同的工作绩效,即同功较为恰当,因相同的工作内容,若经不同的努力、加工、转换其结果工作绩效就会不同。

企业赖以生存的不是个人投入的过程,而是产出的绩效,如此对个人的公平性极具有正面的强化效果,也是激励的主要因子。由上观之,目标管理与绩效考核及薪资之间的关系应该相当直接,好的绩效带来好的薪资,反之则否。

绩效评估表

(□员工自评/□一级主管评/□二级主管评)

受评者:		职位:	年资:	评核日期:		年度:	
主管评估者:		职位:	年资:	评核日期:		部门:	
主要职责与年度目标评估内容				权数 %	绩效评估		
					分数		评语
1	主要职责:						
	年度目标:						

续表

总分数：

说　明

一、职责及目标考核的目的
1. 让主管及员工双方了解工作的内容。
2. 有效及客观地促进员工达到目标。
3. 核发绩效奖金的主要参考要因。

二、考评标准的订立
1. 依部门明确各职位的主要职责。
2. 设定各职位明确的年度绩效目标。
3. 不同的职责与目标设立重要性的权数。
4. 权数的加总为百分之百。

第11章

奖金设计

第一节 奖金规划的变数

奖金制度的设计水平体现薪酬制度动态管理的效果，一个好的奖金制度设计不仅可以奖励员工良好的行为，达成企业的目标，更可使员工增加收入，提高工作意愿，是劳资双赢的不二法门。专家学者对奖金研究的文献并不多，我们先从奖金规划的变量谈起，以了解奖金设计的本质。基本上奖金规划的变数，概分为以下两个层面：

一、工作特质变数特性

明确：工作成果容易衡量，员工的努力与工作成果之间的关系易认定。

不明确：工作成果无法以确定标准衡量，或者努力与产出之间存在着太多员工不可控制的因素或无固定步骤可循。

二、外在情境变量特性

影响小：企业内部规划与执行易于掌握及推动。

影响大：企业经营风险大，并且内部掌握及推动较困难。

工作特质与外在环境互动矩阵如图11—1所示。

	高明确 低影响 （Ⅰ）	高明确 高影响 （Ⅲ）
工作特质	低明确 低影响 （Ⅱ）	低明确 高影响 （Ⅳ）

外在环境

图11—1 工作特质与外在环境互动矩阵

Ⅰ．高明确低影响

工作成果明确且外部风险较小，故企业应采用固定薪金方式给付报酬较佳，如对于从事例行性工作的员工。

Ⅱ．低明确低影响

努力与产出之间存在着太多员工不可控制的因素，但外部风险较小，只要能设计出具诱因效果的薪资制度，即有强化员工的工作动机效果，就可达到预期效果如百货公司专柜。

Ⅲ．高明确高影响

工作成果虽然明确但外部风险高，必须增加变动薪金以分摊经营风险，且以分红方式较佳，如远洋渔捞业。

Ⅳ．低明确高影响

努力与产出之间存在着太多员工不可控制的因素，且外部风险高，无法以特定的标准衡量其工作成果，外部的不确定因素又难以控制，故变动薪金成为主要报偿，使劳资双方的利益相结合，共同承担经营风险，如保险推销员、直销员、决策层经理人 CEO。

奖金制度的目的之一在于希望透过行为塑造（shaping behavior）的方法，来试图引导员工做到企业所要的行为与结果，此为增强理论（reinforcement theory），其结论有三：

1. 要导致行为的改变，某种增强的方式是必须的。
2. 组织中某种形式的报酬要较其他方式有效。
3. 增强作用的时机决定了学习的速度，以及学习效果能延续多久。

增强作用主要分连续性增强（continuous reinforcement）与间歇性增强（intermittent reinforcement）两种。连续性增强指良好行为一出现，即给予增强，如考试 100 分就给礼物，间歇性增强则并非是每次出现良好行为就给予增强，而是间断的增强，足够使良好行为因受鼓励而再重复出现。赌博性电子游戏就是间歇性增强。研究证据显示，间歇性或不定期的增强方式比连续性增强更不易使增强作用的效果消失。

间歇性增强又可分为定率制（ratio）与定时制（interval）两种。定率制决定于当事人行为累积至一定次数后，才受到增强，定时制是每隔一段特定的时间，才给予当事人一次增强。增强也可分为固定及变动两种，故薪酬管理的间歇性增强技术，可划分为以下四种情况，见表 11—1。

一般来说，变动性的增强比固定性增强更能导致高绩效表现，固定—定时制

表 11—1　　　　　　　　　薪酬管理的间歇性增强情况

	定时制	定率制
固定	fixed-interval 指每隔一段时间即给予薪酬报偿，时间是主要的变量，如月薪	fixed-ratio 当行为反应的出现累积至某一次数，则给予薪酬，如按件计酬、全勤奖金
变动	variable-interval 指薪酬在某一时段内发放，但发放的时间不确定，即增强的时间不可预知，如特殊功绩奖金	variable-ratio 薪酬根据各人行为的不同而有差异，如业务奖金

因其薪酬的发放是根据时间，而非根据特定的行为反应，如绩效；相对地，变动一定时制能制造高频率且稳定一致的行为反应，故可显示绩效与薪酬具有高度的相关性，而且因其带有不确定因素，可使员工保持较高的警觉性。

使用连续性增强方式来奖励行为，会使当事人的心理提早得到满足（satiation），一旦将增强作用停止，行为将会快速减弱。如招募面谈时告知应征者本公司的薪资结构中有全勤奖金或年终保障两个月奖金，员工还没进公司则心理已提早满足，若日后减少该奖金必然带来员工心中的不愉快。

第二节　全勤奖金设计

一、目的

全勤奖金的设计旨在鼓励员工准时出勤，全程投入工作，不随意请假，以保持较高的出勤工作时间，发挥最大的生产力。

二、设计模式（见图 11—2）

1. 一次扣法

一个月中只要有一次迟到、早退、请假而未达全勤标准者，即不给予。

2. 分次扣法

一个月中只要有一次迟到、早退、请假即扣一次一定金额的全勤奖金，并分数次扣除。

3. 分段扣法

一个月中分数时段（以周、旬、半月为单位），每时段中只要有一次迟到、

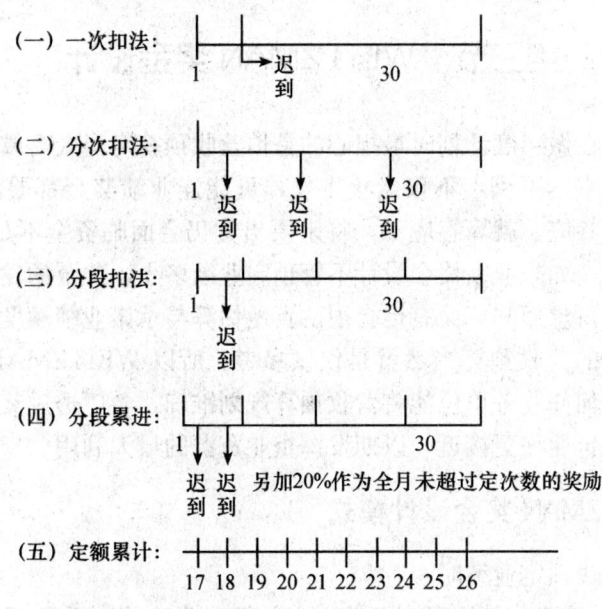

图 11—2　奖金发放设计模式

早退、请假即不给予。

4. 分段累进

一个月中分数时段，各时段均有误差，且每月次数不超过者平均另加发月奖金。每段若有迟到、早退即不给予段奖金。若每月超过者，则取消月奖金，如此双重奖惩更利于提升绩效。

5. 定额累加

一个月中定有基本出席天数，达标准者即给予一定金额，超过天数时每出席一天再给予一定金额奖金。以上模式可复式选用，以增加运用的弹性，且更能符合企业的需求。

上班达一定天数，如17天时，给×元，第18、19天加50元，第20、21天再加100元，第22、23天则加150元，第24、25天则加200元，第26天则加250元。

第三节　WEITZMAN 奖金设计

一般的企业在做年度计划时最担心的是怕营收预算定得太高或太低，预定业绩定高了，若将来达不到，不仅老板生气，可能连业绩奖金都要泡汤；若定低了，老板可能不答应，就算答应了，将来要出货仍会面临资金不足、人力不足、设备不足等窘境。如果业绩奖金设计不管预定业绩多少，奖金的发放全部以实际业绩为准的话，可想而知，又有谁会很认真地估算与承诺业绩额度呢？在此情况下，年度计划中的营收预算当然就是仅供参考。所以 WEITZMAN 的奖金设计主要就是体现如何使业务单位能将营收预算规划准确，希望透过奖金的诱因设计使实际业绩与预定业绩更接近，以期发挥企业资源的最大利用。

一、WEITZMAN 奖金设计模式

若实际业绩≥预定业绩时：

奖金＝（业绩分成比例×预定业绩）＋（业绩分成比例－诱因调整项）×（实际业绩－预定业绩）

若实际业绩＜预定业绩时：

奖金＝（业绩分成比例×预定业绩）＋（业绩分成比例＋诱因调整项）×（实际业绩－预定业绩）

说明：1＞业绩分成比例＞诱因调整项＞0

范例：

有 A、B 两个单位，其业绩分成比例＝10％，诱因调整项＝2％

若：预定业绩 A＝100　　预定业绩 B＝200
　　实际业绩 A＝200　　实际业绩 B＝100

则：A 奖金＝（10％×100）＋（10％－2％）×（200－100）＝18
　　B 奖金＝（10％×200）＋（10％＋2％）×（100－200）＝8

若：预定业绩＝实际业绩

则：A 奖金＝（10％×100）＋（10％－2％）×（100－100）＝10
　　B 奖金＝（10％×200）＋（10％＋2％）×（200－200）＝20

二、业务单位该如何申报营收预算

1. 低报预算

实际业绩相同，若低报则奖金少一成，即预定实际业绩＞预定业绩时，超额部分并非依业绩分成比例计算，而是必须先扣除诱因调整后再计算。

2. 高报预算

若多报预算在未能达到预算绩效部分是以较高的分成比例来计算扣除，使前半部多得，但后半部多扣，结果还是诚实申报最好。

第四节　业绩奖金

业务营销人员拓展本公司产品，其动能大部分来自于凭个人营销能力所创造出的业绩而获得的业绩奖金，否则业务单位若也以固定薪发放时，就失去了冲刺业绩的动力。然而，个人营销当以产品为主，故企业自然会在产品利润中提拨一定百分比作为奖金回馈给业务人员作为产品销售奖金。

但为扩大业务体系，建立更多的营销单位（体系），自然需要提拨部分比例的利润给经营营销组织者，作为组织辅导奖金。组织的层级越复杂，其计算奖金的方式也相对越复杂。若组织的功能越多元化，如需要负责内部训练、行政支持、协同拜访客户及客户管理等工作时，则其应分配的利润比例也应相对较高。

故企业为提高营销人员（单位）的经营绩效，降低企业本身的管理成本，在利润精算之后，仍以提供较优厚的产品销售奖金给业务人员及提供丰厚的组织辅导奖金给各级营销业务主管，以激励他们为企业推广销售产品，建立通路，扩大市场。

营销的成功贵在组织，而组织是众多业务专才的组合，如何才能在竞争激烈的商场找到最具个人魅力又具组织领导的专才，来营销企业的产品？此依赖识人与用人的功力，故组织如何征员而成长？如何找到适合企业的营销业务高手投效旗下？自应有一套选才、育才、展才、留才的整体规划，企业为奖励营销组织的领导者对企业的贡献，其组织辅导奖金的设立就显得重要。

第五节　绩效奖金的设计

一、目的

为了提高生产效率，降低不良品率，使员工的绩效能与个人所得及企业经营绩效相互动。

二、用途

用于员工薪资设计时,可将部分的固定薪资费用转变为变动的绩效奖金,使用人费用与营运债权相配合,且具弹性。

三、基本原则

1. 制定制度必须对劳资双方均有利。
2. 标准的制定与实际绩效的衡量,必须简单、精确、合理、科学,且为员工和公司所共识与认同。
3. 必须要有严格的品质管理及适当的流程、记录,并监督落实。
4. 必须配合公司及部门目标及权责制定。
5. 结果固然重要,但也要注意过程,以排除因大环境影响的关系,而无法达到预期的结果。

四、制定步骤

1. 目标

对所要提升的绩效项目衡量分析,并制定预期的目标效益。

2. 方式

(1) 直接人员、营业人员较易实施。

(2) 间接人员以其所服务的直接人员的绩效平均值,再加本身可评核的绩效共同组成。

(3) 绩效区分为个人及团体两大类。

3. 项目

(1) 机器方面包括开机率、使用效率、故障率和维护费用。

(2) 效率方面包括出勤率、管理效率、作业效率、生产效率=实际工时/总工时、设备运转率=设备动作时间(实际工作时间)/设备工作时数、设备综合效率=时间运转率×速度运转率×良品率和达标率(含加班、故障停机、换线、待料、卡住、小停机、制程不良、空转、换模、速度降低)。

(3) 材料方面包括回收率、下脚率和耗损率。

(4) 质量方面包括不良率、良率和不良品产值。

(5) 进度方面包括补制率和交期达标率。

(6) 业务方面包括营业额、利润率、退货率、订单增长率、商品损坏率、交期准确度、厂商抱怨客诉、市场占有率、应收账款回收天数和应收账款回收率。

(7) 成本方面包括用人费率、费用控制、成本差异和改善案效率。

(8) 人事方面包括用人费率、劳动分配率和用人费与薪资比率。

(9) 采购方面包括成本降低、缩短订程和交期达标率。

数据化绩效管理依赖合理化、真实、细分的方式来设计才能很科学、很有效地评估，但必须注意标准值的建立及衡量数据是否真能反映出实际经营状况而不被扭曲，应审慎处理，否则反被误导而不自知，或仅见树而不见林，影响企业的决策。

五、绩效奖金内部分配模式

1. 特性

(1) 可依企业不同需要而调整。

(2) 简明。

2. 做法

(1) 一部分保留在公司之内，用来奖励不易被观察的行为或绩优主管，及做原调整损失及奖励特殊贡献之用。

(2) 一部分按计算绩效的周期分配所属员工，以强化效果、激励士气，操作时应公开化、明确化。

3. 分配

$$个人奖金 = \frac{绩效奖金比例}{} \times \frac{公司绩效}{奖金总数} \times \frac{个人绩效指数 \times 所属单位绩效指数}{全体员工个人绩效指数 \times 分公司绩效指数}$$

(1) 按薪资比例分配。不考虑单位绩效，用薪资表示个人绩效，如公务员年终奖金，不分单位、不分职务。

(2) 按人数平均分配。不考虑单位绩效及个人绩效。

(3) 按个人绩效分配。靠员工个人努力，不靠团队的工作性质，故单位绩效不考虑。

(4) 按部门绩效与个人绩效分配。全方位考虑，员工个人努力与部门团队合作均需要评估。

第 12 章

薪资调整

薪资调整在薪资管理上是很重要的一环,但对劳资双方而言,却代表着不同的意义,就资方而言,企业的获利能力才是薪资调整的主要考虑因素,也是薪资调整以后其持续性与否的重要指标。

只有获利能力好的企业才能规划出比较持久、比较高的薪资调整办法,因调薪是增加企业的营运成本,企业为了维持获利能力必然要求员工提高生产力,但生产力如何评估呢?只有靠绩效考核与目标管理地运用了。

就劳方而言,薪资关系到个人的生计与工作绩效的认同,在我们的日常生活中,物价指数不断攀升,通货膨胀的压力未减,若每年的薪资所得都停留在同一数值,则生活水平将日趋低落。

在劳资双方认知上有如此大的差距存在时,要做员工的工作绩效与表现评估并不容易。故我们只有推测:员工努力地工作会使技巧更熟练,经验更老道,公司会因效率的增加、不良率的降低、顾客满意度的提高而更赚钱,这些都是全体员工的贡献。因此,顺理成章地为他们加薪,以资慰勉。

第一节 调薪的原因

在本书第 2 章第一节的范例中已叙述过薪资的策略是"内求公平,外求竞争"。一般的员工在报到后,试用期间有所谓的试用期薪资,经试用期满,考核通过正式任用后才给付本职等应有的薪资水平,当然这也是应征面谈时劳资双方已谈妥的条件之一。

其实到此为止只是开始,也是本书前 10 章的重点,其目的在于使招募新进人员定薪时能有一致的标准,但员工在企业内不断地成长,工作绩效或能力也不断地提升,替企业创造了利润的同时,员工也会要求企业适度的回馈他们努力的成果(考绩调薪)。

员工都有晋升的需求,也希望在晋升后能获得与身份地位相称的待遇(晋升调薪)。此时员工在技能上、管理技巧上渐渐成熟，在求得内部公平之后也会向外看看，评估一下自己的身价到底合不合乎行情，其结果员工会要求所得不低于市场薪资行情的待遇，若有不足也会要求调薪（市场性调薪）或另谋高就或调整其工作态度。

这些过程在员工当中都会周而复始地持续着，以达到动态的平衡。由此可知，薪资并非是静态的给付标准，而是在诸多微妙的互动中取得的一个动态平衡点，且随时会因突发的变量而打破平衡，造成人心思动。

第二节　调薪的程序

虽然各企业在薪资调整的方式与运用上不尽相同，但其过程则大同小异，首先必然先了解目前劳动力市场的薪资行情，所用的方法我们已在本书第10章详细地讨论过。但不论是用什么方法或是否足够专业，其目的就是为探知薪资市场的平均线，并同时标示出本企业目前的实际薪资平均线，及依薪资策略标示出未来的策略性平均线，由这三条线来决定现阶段应采取何种调整策略。

其次，考虑企业运营的成本、利润率，而决定可调整的幅度范围，做成调薪预算，并展开绩效评核作业。本书已在第11章用很大的篇幅阐述绩效评估的精神与做法，因绩效评估是薪资策略中为达内求公平的关键因素，其结果不仅供员工考绩调薪的参考，也是员工晋升的重要依据，并能间接促成晋升调薪。

有人说不办理绩效评估就做薪资调整，是天下最不公平及最不负责任的做法，中国人每做完一件事或事情告一段落，必然论功行赏，这"论功"就是绩效考核，但因"行赏"的赏酬有限，故"功"无法无限制地给予，而必须先行划分等级以便分配资源（酬赏），所以必然要采取强迫分配法，这就是考绩调薪绩效越好，薪资就越高，如此才能有效激励士气，产生正面积极的强化效果。另则绩效好，晋升的机会比较大，也可能获得晋升调薪。

最后，各部门在已评得的部门绩效之下，可得的个人考绩分配情形，再转分配给部门内所有的成员，依考绩再进行薪资调整作业，通常需要遵守一些规则，如各部门必须遵守各部门的薪资预算而不得超支、薪资调整数值的多寡必须与考绩的高低相结合、例外状况须先书面述明理由请最高主管审核，以避免破坏预算制度与考核制度。人事部门应汇总各部门的调整结果，经分析比较后做成全公司的调整建议，呈决策层决策。

第三节 调薪时间与支付方式

企业的调薪时间基本上区分为定期与不定期两大类，而支付的方式又区分为一次发给与个别分次发给两种。

一般而言，市场性薪资曲线调薪，是经过市场薪资调查后的反映，可能从取得数据到薪资调整作业完成员工实际领受时，已有相当的时间落差，故应一次检讨处理完成为宜，否则薪资调查的数据将过时而失去它的意义。再则大规模的薪资调查劳民伤财，一年最多一两次，所以应以定期处理为恰当。

考绩调薪则依各企业考绩评核的方式、次数不同而较有弹性，一般说来，常见的不定期的考核有试用期满考核、项目考核、不定期晋升考核等数种，而定期考核大部分按时间区分为月、双月、季、半年（年中）、年（年终）考核等数种，故考绩调薪也得按各种考核的时间的不同分别为之。

一般来说，考绩调薪的目的是让员工在原有的薪资间距范围内调升薪级，所以对已接近薪资间距范围最高薪资的员工，调薪的幅度要低一些或不调薪。对低职阶者最好采用少额多次调薪，对高职阶者则采用大额少次调薪。

晋升调薪则是配合员工晋升办法，不论采用定期或不定期晋升方式，只要合乎条件即发给晋升调薪。由本书第 8 章第三节薪资结构的种类中，我们不难发现不同的薪资结构对晋升调薪会有不同的影响。

如图 12—1 所示，不重叠型的薪资结构对员工晋升时其调薪的幅度较大，除非前后两职位的工作内容差异很大，或前后两薪等的范围间距很小，否则很难被其他员工所认同，公司可能需要付出较高的薪资成本。

重叠型的薪资结构对员工晋升时其调薪的幅度弹性较大，可直接换叙，而不予调整（见图 12—2），也可小幅调整以激励士气（见图 12—3）。

当然各企业的做法都不相同，但在晋升调薪上仍有一些基本原则需要特别注意：

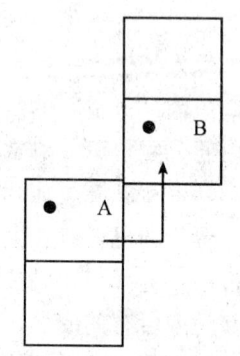

图 12—1　不重叠型薪资结构

1. 由下一级薪等晋升至上一级薪等时，应领有上一级薪等的最低薪资，但不得超过该薪等的最高薪资。

2. 经轮调他职但未获晋升职等者，如表现良好，为鼓励培植干部仍应考虑

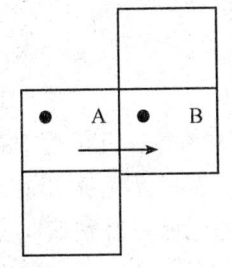
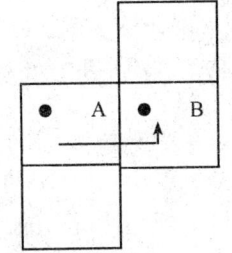

图12—2 直接换叙不予调整　　　图12—3 小幅调整以激励士气

给予适度的考绩调薪,以调高原薪等的薪级。

3. 晋升者酌情调薪是鼓舞士气、提升绩效的做法,其重点不在于调薪金额的多寡,而在于是否有调薪的形式相配合。

第四节　调薪注意事项

薪资调整是薪资策略中最具正面强化效果的工作,薪资调整的得宜与否,影响到员工对考绩的公平性信心,影响到员工对晋升的欲望,影响到员工的生涯规划方向。

当然综合以上状况必然影响到个人（员工）及组织（企业）的绩效,所以调薪的工作可谓"牵一发而动全身",绝对马虎不得,必须全盘考虑,慎重处理。以下仅是我们常犯的疏失:

一、调薪随兴而至,毫无章法可言

中小企业在薪资管理制度上本来就不健全,遇到外界环境变化的压力时,常因信息不足,人情压力,封闭性的劳动力市场的竞争,使调薪缺乏一致性,缺乏通则,而显得杂乱无章。

二、缺乏评价基础,难以发挥调薪效应

公司内部薪资制定未适当评价,差异过于悬殊,薪资的认定基础不稳,调薪的基础也易遭质疑,如此的调薪就无法发挥杠杆效应,调也是白调。

三、调薪认知的混淆

分不清考绩调薪与薪资曲线调整,常使薪资调得过高或太低,且使纷争不

断，士气低落。

四、"高原期"员工的处理

企业员工离职率高是个警讯，但员工的离职率非常低，几乎等于零，也是不好的前兆。员工若长久担任一职而少有晋升的机会，或已晋升到其最大能力所及的职位时，员工即到达所谓的"高原期"，往往他们也已晋升到该职位的薪资间距范围的顶点，如果职务内容的附加价值没有增加，则难有晋升的机会，也缺乏调薪的空间，士气必然不高，故如何协助"高原期"的员工突破现状，再造事业的"第二春"，也正是绩效考核与面谈的功能。

第13章 薪资预算

由企业经营面观之，计划是预算的基础，预算是实践计划的手段，故此我们所谈的薪资预算必然要以企业的总体目标为前提。

为达成企业之总体目标，需制订许多的经营计划，诸如营业计划、资金运用计划、生产计划、人力计划等。为使计划不成为空谈当然需要支持，其中最重要的即是钱——预算。在非资本密集、服务业中，薪资预算往往占整体支出预算相当大的比例，由上可知，薪资预算可达到以下几个目的：

1. 作为营业活动计划的基础，依营业计划提出人力需求，编制人力资源计划。

2. 作为控制人事费用的基础，依年度人力资源计划编制表评列，以控制人数及职位。

3. 作为财务现金流量的基础，事前列有支薪预算，以利于制订现金需求计划。

4. 作为员工薪资保证的基础，对员工薪资全距的调整或考绩调薪等，均可事先规划，安定人心，并保持薪资应有的水平。

组织随经营策略而改变，当外在的环境发生变化时，所有的营销策略、生产策略、研发策略等都会随之改变，以求适应环境及生存，此时企业要做局部的或全面的调整以求适应策略的变化。

故每年在做薪资预算时，人力资源部门的主管应要先期了解企业经营的目标与策略，提出完整的组织规划与人力计划，以协助、支持营业目标的达成，并据此人力计划与职位需求表（见表13—1）来制定薪资预算。

薪资预算的科目应注意人员数的增减之外，尚需要注意职位、职等的变化，此牵连到加级与津贴的费用，营业目标的增减有时会影响到加班费的增减，奖金因要件的不同而与营业目标的达成也是息息相关。

故在考虑薪资预算时不能忽略整体目标，然而广义而言，人事费用除薪资费用外尚包括训练费、招募费用、年度薪资调整的幅度、年终奖金的多寡、福利支

表 13—1　　　　　　　　年度人力计划定额及职位需求表

部门 职等	董事长室	营业部	工程部	管理部	分公司（一）	分公司（二）	合计
八职等	▲ □ ●	▲ □ ●	▲ □ ●	▲ □ ●	▲ □ ●	▲ □ ●	▲ □ ●
七职等	▲ □ ●	▲ □ ●	▲ □ ●	▲ □ ●	▲ □ ●	▲ □ ●	▲ □ ●
六职等	▲ □ ●	▲ □ ●	▲ □ ●	▲ □ ●	▲ □ ●	▲ □ ●	▲ □ ●
五职等	▲ □ ●	▲ □ ●	▲ □ ●	▲ □ ●	▲ □ ●	▲ □ ●	▲ □ ●
四职等	▲ □ ●	▲ □ ●	▲ □ ●	▲ □ ●	▲ □ ●	▲ □ ●	▲ □ ●
三职等	▲ □ ●	▲ □ ●	▲ □ ●	▲ □ ●	▲ □ ●	▲ □ ●	▲ □ ●
二职等	▲ □ ●	▲ □ ●	▲ □ ●	▲ □ ●	▲ □ ●	▲ □ ●	▲ □ ●
一职等	▲ □ ●	▲ □ ●	▲ □ ●	▲ □ ●	▲ □ ●	▲ □ ●	▲ □ ●
合计	▲ □ ●	▲ □ ●	▲ □ ●	▲ □ ●	▲ □ ●	▲ □ ●	▲ □ ●

▲现有数。

□计划数。

●缺额数。

出（保险、旅游、制服）、退休金提拨等，均与业绩的达成与否、人员增减有密切的关系。

经济学上有薪资僵固性的理论，此即说明人类追求高质量的生活，因为有此欲望才能促使社会不断繁荣、进步，故薪资并不会随着供需理论而做大幅度的增减。

在损益表中，薪资属人工成本且以固定成本计算，故调薪时将直接影响产品的成本，并间接影响员工的士气、绩效和工作气氛，实在不能不谨慎为之。但在调薪的技术上能多加考虑，将部分的固定成本转变成变动成本，则可有效降低企业的经营风险，保持企业应有的利润，且能使员工一起分担经营的风险，共享经营收益，这是薪资设计的最高理想。

经营篇

快速变化的市场，使得企业经营的法则由原来依预先明确规划，进行严格的指挥与控制的做法，改变为以愿景和使命来明确企业存在的价值，培养组织间的信任与承诺，建立起一致的经营价值法则，这样才能在不断创新求变的环境之中，辅以严格的内部控管以赶上市场的变化速度。

有了明确的愿景及使命后，企业在此基础上分析外在环境的机会与威胁，内在环境的优势与劣势（SWOT 分析），做出 SWOT 矩阵分析，再经过 BCG (boston consulting group) 及 P/M (product & market) 分析，有系统地制定企业的目标，拟订出适合自己的经营计划，并配合实际状况，在不同阶段，实行不同的改善策略。

故对整体企业做经营分析时，需要对其财务状况、收益能力、生产力等分别分析，尤其是现代企业的竞争在于能否有效地运用人力资源，也就是以生产力为中心的竞争形态。为求不只要见林，同时也要见树，我们在分析现状时，更要深入探讨影响生产力的诸多因素及了解人事费用对企业经营的影响。

生产力系指投入与产出之间的关系，也就是说如何投入最少的资本来产出最大的收利益，故企业想提高生产力除投资设备、引进高性能机器外，最重要的在于对高级技术人才的掌握。在人事费用日益高涨的时代，企业主为了维持一定的经营利益，就需要致力于提高每一个单位的生产力。故在制订年度经营计划时，应对现况加以研讨，因为只有提高销售收入以确保利益，才是企业经营的重点所在。

一、五力分析

1. 收益力
(1) 本期损益率＝本期损益/销售收入
(2) 营业净利率＝营业净利/销售收入
(3) 销售毛利率＝销售毛利/销售收入
(4) 投资报酬率＝税后纯益/股本
(5) 净值获利率＝本期损益/净值
(6) 资产获利率＝本期损益/资产总额

2. 偿债力
(1) 流动比率＝流动资产/流动负债
(2) 速动比率＝（流动资产－存货－预付费用）/流动负债
(3) 长期偿债能力＝本期损益/支出利息

3. 安定力
(1) 净值比率＝股东权益/资产总额
(2) 固定比率＝固定资产/股东权益
(3) 长期适合率＝(固定资产＋长期投资)/(股东权益＋长期负债)
(4) 负债占资产比率＝负债总额/资产总额
(5) 长期资金占固定资产比率＝(股东权益净额＋长期负债)/固定资产净额

4. 活动力
(1) 总资产周转率＝营业收入/资产总额
(2) 固定资产周转率＝营业收入/固定资产净额
(3) 存货周转率＝销售成本/平均存货额
(4) 应收账款(包括应收账款与因营业而产生的应收票据)周转率＝销售净额/各期平均应收款项(包括应收账款与因营业而产生的应收票据)余额
(5) 应付款项周转率＝营业收入/应付账款
(6) 平均收现日数＝365/应收款项周转率
(7) 平均售货日数＝365/存货周转率

5. 成长力
(1) 营业成长率＝(本期营收－上期营收)/上期营收
(2) 本期损益成长率＝(本期损益－上期损益)/上期损益
(3) 营业净利成长率＝(本期营业净利－上期营业净利)/上期营业净利
(4) 毛利率成长率＝(本期毛利率－上期毛利率)/上期毛利率
(5) 净利成长率＝(本期净值－上期净值)/上期净值

分析注意事项：
(1) 先求安定，再求获利，最后求成长。
(2) 所有比率都是分式值的观念，比率变好或变坏，应从分子或分母分别去了解其中的原委，如分子不变，分母提高则分式值会降低；反之，若分子提高，分母降低，则分式值会提高，以此类推。
(3) 进行比较时，应全面分析，例如：毛利率10%是好或坏？应与上期、去年同期、同业、市场状况及预算等相比较，才能客观且全面地了解有无进步。
(4) 分析时要进行结构式分析，以了解问题所在，针对问题提出解决之道。如果存货周转天数本期为90天，比上期70天高，应了解：
1) 首先要了解是哪个事业部。
2) 再进一步了解是原料周转率过低，或是半成品或成品周转率天数过长，如制成品周转天数过长。

3) 最后了解是技术或是制程问题，还是客户临时取消订单等。

二、分析每人平均附加价值

$$\text{每人平均附加价值} = \frac{\text{附加价值}}{\text{人数}} \tag{式一}$$

式（一）说明平均每一位员工可以赚取多少附加价值，而此附加价值正是人事费的主要来源，这也是评估生产力高低的重要指标。

在求出每人平均附加价值之后，应与前期的水平比较，以了解变化情况，用最小的投入规模（最少的人数）获致最大的利益，才是应付逐年增长的人事费用的最佳经营方针。

（一）求出每人平均销售收入与附加价值率

每人平均附加价值＝每人平均销售收入×附加价值率

$$\frac{\text{附加价值}}{\text{人数}} = \frac{\text{销售收入}}{\text{人数}} \times \frac{\text{附加价值}}{\text{销售收入}} \tag{式二}$$

由此关系式中即可分析出劳动生产力的优劣，其重点如下：

1. 提高每人平均销售收入的方法

（1）生产设备高度有效利用。

（2）新产品及新市场开发。

（3）改善推销方法。

（4）提高售价。

（5）组织制度的改善。

（6）加强教育训练。

（7）精简人力，裁减冗员。

2. 提高附加价值率的方法

（1）减少材料费或商品进货费。

（2）改善产品结构。

（3）开发附加价值率较高的产品。

（4）提高售价。

（二）求出劳动装备率及设备投资效率

1. 以制造业而言

每人平均附加价值＝劳动装备率×设备投资效率

$$\frac{\text{附加价值}}{\text{人数}} = \frac{\text{有形固定资产}}{\text{人数}} \times \frac{\text{附加价值}}{\text{有形固定资产}} \quad \text{(式三)}$$

(1) 劳动装备率

即每人平均的有形固定资产，又称为资本装备率，是表示生产设备水平的重要指标。故要提高每人平均附加价值，就必须注重员工的素质及充分利用所有设备才行。

劳力密集型的生产方式，以手工生产为主，其劳动装备率较低；而资本密集型的生产方式，以机器生产为主，其劳动装备率较高，故提高劳动装备率，也就同时提升了劳动生产力。

(2) 设备投资效率

即投资于设备之后所产生的效率，有关资本效率的优劣，系视固定资产周转率而定，当投资设备时，若是引进高性能机器，而不能有效运用的话，则此投资效果便不理想，所以一般都以设备投资率来评估设备资本所发挥的效率。

2. 以服务业而言

每人平均附加价值 = 劳动装备率 × 设备投资效率
　　　　　　　　 = 每人平均卖场面积 × 每平方米卖场效率　　　(式四)

$$\frac{\text{附加价值}}{\text{人数}} = \frac{\text{店面面积}}{\text{人数}} \times \frac{\text{附加价值}}{\text{店面面积}} \quad \text{(式五)}$$

商店的固定资产是以店面本身及展示空间为主，要提高平均每人的销售收入就必须增加每人平均店面面积及提高每平方米卖场效率，故老商店经重新装潢后，借着店面空间的扩大与设备的扩充，可在不增加员工人数情况下，提高每人平均销售收入及销售毛利，所以充实设备并有效运用人力以提高生产力，是控制人事费用最佳对策之一。

由以上分析得知每人平均附加价值与每人平均销售收入、附加价值率、劳动装备率、设备投资效率均有密切关系，所以需要进一步了解原因，谋求改善。

三、分析每人平均人事费

这里所指的人事费，包含董（监）事酬劳、员工工资、奖金、福利（伙食费、住宿费、交通费、保险费等）、训练费、退休金及因招募、离职等所发生在员工身上的费用，也是薪资水平的重要指标。

因每年员工薪资的调升、福利的充实、训练的加强均会造成每人平均人事费的上升，为了不使人事费增加造成企业经营成本的负担，应同时检讨生产力因素、每人平均销售收入、附加价值及劳动分配率，然而对企业而言即使每人平均人事费必须逐年增加，但并不希望劳动分配率也逐年增加。

四、分析每人平均销售收入

$$每人平均销售收入 = \frac{销售收入}{人数} \tag{式六}$$

$$每营业单位平均销售收入 = \frac{销售收入}{营业人数} \tag{式七}$$

$$销售收入对人事费率 = \frac{人事费}{销售收入} \times \% \tag{式八}$$

$$人事费对销售倍数 = \frac{销售收入}{人事费}（倍） \tag{式九}$$

一般而言，员工人数包括经营者本身，员工人数每月有所增减时或有计时、计日人员时，应按月比例统计再合计成每月薪资支付人数除以12个月，求出较正确的平均员工人数。

我们由以上第一式中可得知全体人员的平均销售收入，作为企业经营整体性的生产力指针，但无法了解营业人员对销售的贡献，故以第二式，营业单位平均销售收入又称营业人效指标，来说明营业人员对销售收入的直接贡献，并与第一式同时推移比较可了解间接人力运用的情形及对销售收入增减的影响。

我们由以上第三式中可得知人事费占销售收入的比率，但对经营者而言，其最关心的确是投入人事费后会产生多少的销售收入，即第四式，人事费对销售收入倍数，以作为衡量业绩目标与人力需求的参考。

五、分析劳动分配率

$$每人平均人事费 = 劳动生产力 \times 劳动分配率 \tag{式十}$$

$$\frac{总人事费}{人数} = \frac{附加价值}{人数} \times \frac{总人事费}{附加价值}$$

$$劳动生产力 = \frac{每人平均人事费}{劳动分配率} \tag{式十一}$$

$$1 - 劳动分配率 = 资本分配率 \tag{式十二}$$

劳动分配率是附加价值（销售毛利）与人事费用的比率。员工对企业而言，最重要最有价值的就是劳动力，同时这也是损益表中营业费用单项最大支出，因销售毛利减去营业费用为营业利益，所以人事费用的增加和营业利益的减少，自然有密切的关系。

我们由以上第二式中得知，若能保持劳动分配率不变，则劳动生产力越高，每人平均人事费用就越高，这也表示高利益与高薪资是并存的。但若保持劳动生产力不变，而提高每人平均人事费则必然提高劳动分配率，此时第三式中资本分配率则下降，造成企业利益减少，甚至遭吞噬，故劳动分配率偏高往往为一般企业经营不良的主要原因之一。

所以在分析生产力时，必须同时注意劳动生产力、劳动分配率、每人平均人事费的现况与推移，以掌握人力资源的脉动运用于经营管理之上。劳动分配率究竟是多少才算符合标准呢？因行业不同，企业规模不同，本身并无一定的标准，通常是将本公司的数据与同业同规模的公司相比较，以寻找一些较客观的标准，但一般而言，劳动分配率大约维持在40％以内较为恰当，若超过40％就很难维持企业健全且正常的经营。

六、预估销售收入的方法

产品特质在市场条件及经济景气无太大变化的情况下，销售收入通常不易增加，但此时人事费用通常会逐年递增，这正是许多企业头痛的主要原因。没有一个企业能够仅依靠现有的销售收入，而能永远地维持下去，故为吸收所增加的人事费用，无论如何都必须增加销售收入或降低其他成本。

$$销售收入 = \frac{人事费}{附加价值率 \times 劳动分配率} \qquad (式十三)$$

$$销售收入 = \frac{人事费}{\frac{附加价值}{销售收入} \times \frac{人事费}{附加价值}} \qquad (式十四)$$

由上式中可得知，在销售收入无法立即增加时可先借由提高附加价值率以减少必要的销售收入，此时须对材料费的节省，制品结构的改善，售价的提高等方面加以检讨，或者缩减人事费，以减少必要的销售收入。

但有时两者都无法实现必需的销售收入，企业的经营状况就会持续恶化。然而，事先知道经营状况可能会恶化，与年终结算时才知道经营状况会恶化，其意义是不一样的。企业对于将来的营运状况总应正确掌握，但人事费是成本较高变动较小的数值，因此应以人事费为中心，求算必须销售收入，并检讨达成的方法才是上策。

参考文献

一、中文部分

1. stanley b. henrici 原著．薪资管理实务．杨长信译．前程企管出版
2. 杨震寰编著．企业人力资源漫谈
3. 杨震寰编著．图解式经营计划
4. 徐承然著．薪资结构合理化．管理杂志第 201 期
5. 王世芳著．制定合理的薪资制度．管理杂志第 201 期
6. 丘宏昌（1997）．各种薪资酬偿制度之介绍与比较．台北银行月刊 6 卷 27 期，50～55
7. 丘宏昌（1997）．各种薪资酬偿之介绍与比较．台北银行季刊 1 卷 27 期，2
8. 王怡尧（1997）．制造业员工薪酬制度、薪酬满足与组织承诺之相关研究．东海大学工业工程管理研究所硕士论文
9. 李建华，茅静兰（1993）．薪资制度与管理实务．新竹：清华管理科学图书中心
10. 李德玲（1992）．企业员工对薪酬制度反应之研究．中国文化大学企业管理研究所硕士论文
11. 余坤东（1995）．认知型态、薪资公平对工作满足之影响研究．中国工商学报 16 期，173～186
12. 余安邦（1980）．企业组织中员工离职行为之研究．台湾大学心理研究所硕士论文
13. 吴静吉，潘养源，丁兴祥（1979）．内外控取向与工作满足及绩效之关系．政治大学学报 41 期，61
14. 吴美莲，林俊毅（1999）．人力资源管理理论与实务．台北：智胜文化事业有限公司
15. 吴秉恩（1993）．组织行为学．台北：华泰书局

16. 林淑姬（1992）．薪酬公平、程序公正与组织承诺、组织公民行为关系之研究．国立政治大学企业管理研究所博士论文

17. 徐正光（1977）．工厂工人的工作满足及其相关因素之探讨．中央研究院民族学研究所集刊43期，23～63

18. 林鑫琪（1993）．文化中心主任领导型态与成员组织承诺之关系．国立台湾师范大学社会教育研究所硕士论文

19. 林振发（1995）．高阶主管的个人属性对报酬满意度的差异分析．国立政治大学企研所硕士论文

20. 胡琼泰（2000）．工作生活质量、组织承诺与组织公民行为之相关性研究——以高科技产业为例．国立中山大学人力资源管理研究所硕士论文

21. 胡宏方（1993）．技术人员薪酬满足及其决定因素之研究．国立中山大学企业管理研究所硕士论文

22. 柯际云（1995）．企业员工个人特性及其知觉之工作特性与领导型态对组织承诺的影响．国立中兴大学企业管理研究所硕士论文

23. 陆鹏程（1981）．大台北地区加油站员工工作满足与组织承诺之关系．国立政治大学企业管理研究所硕士论文

24. 陈文俊（1990）．员工薪资满足之研究——以制造业为例．中原大学企业管理研究所硕士论文

25. 小柳胜次郎著．人事薪资管理改善实务．陈文光译（1990）．台北：台华工商图书出版公司

26. S. P. Robbins & D. A. De Cenzo 原著．现代管理学（Fundamentals of Management）．林建煌译（1999）．台北：华泰

27. Ouchi, W. 著．Z理论．黄明坚译（1981）．台北：长河出版社

28. 张火灿（1996）．策略性人力资源管理．台北：扬智文化事业股份有限公司

29. 商富华（1980）．工作满足理论之研究——台北电信局．国立政治大学公共行政研究所硕士论文

30. 湛瑄宇（2000）．员工薪资满足之前因后果之研究．中原大学企业管理学系硕士学位论文

31. 曾铭传（1987）．主管人员特质薪酬给付方式及其满足感之研究．国立台湾工业技术学院工程技术研究所硕士论文

32. 赵铭崇（1988）．人事绩效考评、薪资制度与劳资和谐之关系．中国文

化大学劳工研究所硕士论文

33. 诸承明（1995）．薪资设计要素与组织效能关系之研究——以组织特性与任务特性为情境变项．国立台湾大学商学研究所博士论文

34. 樊景立（1977）．纺织厂女职员离职行为之研究．国立政治大学企业管理研究所硕士论文

35. 蔡玲玉（1989）．薪酬管理制度与劳资关系气氛之研究．国立政治大学企业管理研究所硕士论文

36. 叶清泉（1994）．劳资协商、薪酬管理与薪酬满足关系之研究——以制造业员工为例．国立中山大学企业管理研究所硕士论文

37. 叶锡明（1998）．人力资源发展因素与组织公民行为之研究：以半导体产业为例．义守大学管理科学研究所．迈向二十一世纪的质量与管理技术应用研讨会，543～554

38. 龚平邦（1983）．行为科学概论．台北：三民书局

二、英文部分

1. Angle & cedil; H. L. & Perry, J. L. (1981). An emoirical assessment of organizational commitment and organizational effectiveness, Administrative Science Quarterly, 26, 1—14.

2. Adams, J. S. (1988). Amesican compensation assosiation position, Paper on principles of Executive pay program, In C. H. Fay & R. W. Beatty (eds.), The Compensation Sourcesbook, 317—315.,

3. Amherst, Mass.: Human Resource development Press.

4. Alexander, S., & Ruderman, M. (1987). The role of procedural and distributive justice in organizational behavior, Social Justice Research, 177—198.

5. Becker, H. S. (1960). Notes on the concept of commitment, American Journal of Sociology, 66, 32—42.

6. Bierhoff, H. W., Cohen R. L., & Greenberg, J. (1986). Justice in social relations, New York: Plenum.

7. Blau, P. M. (1964). Exchange and power in social life, New York: Wiley.

8. Buchanan, B. Ⅲ. (1974). Government manager, bussiness executive and organizational commitment. Public Administration Review, 34 (4), 339—347.

9. Weber, Caroline L. & Rynes, Sara L. (1991). Effects of compensation staretegy on job decisions, Academy of Management Review, 34 (1), 86—109.

10. Dailey, R., & Kirk. D. (1992). Distributive and procedural justice as antecedents of job satisfaction and intend to turnover, Human Relations, 45 (3), 305—317.

11. Eisenhardt, Kathleen M. (1988). Agency and institutional-theory explanation: The case of retail sales compensaation, Academy of Management Journal, 31, 488—511.

12. Folger, R., & Konovsky, M. A. (1989). Effects of proccdural and distributive justice on reactions to pay raise decisions, Academy of Management Journal, 32 (March), 115—130.

13. Gomez-Mejia, Luis R., & Balkin, Davis B. (1989). Effectiveness of individual and aggregate compensation strategies, Industrial Relations, 28 (3), 431—445.

14. Gupta, N. & Jenkins, Jr G. D. (1991). Job evaluation: An overview, Human Resource Management Review, 1, 91—95.

15. Hulin, C. L. & Smith, P. C. (1964). Sex differences in job satisfaction, Journal of Applied Psychology, 48, 88—92.

16. Hughes, Robert J. & Kapoor, Jack R. (1989). Business, Houghton Mifflin Company. Heneman Ⅲ, Herbert G. (1985). Pay satisfaction, Research in Personnel And Human Resource Management, 3, 115—139.

17. Kanter, R. M. (1968). Commitment and social organization: A study of commitment mechanisms in utopian communities, American Sociological Review, 33, 499—517.

18. Kanter, R. M. (1968). Commitment and social organization: A study of commitment mechanisms in Utopian Communities, American Sociological Review, 33 (4), 499—517.

19. Lance A. & Dorothy R. (1999). The compensation handbook, (4 ed.), McGraw-Hill.

20. Lawer, E. E. & Porter, D. W. (1967). The effect of performance on satisfaction, Industrial Relations, 7, 23.

21. Leventhal, G. S. (1980). What should be done with equity theory? New approaches to the study of fairness in social relationships, In K. Gergen, M. Greenberg, & R. Willis (eds.), Exchange:

22. Advances in Theory and Research, 27—55, New York: Plenum Press.

23. Lambert, Richard A., Larcker, David F., & Weigelt, Keith (1993). The structure of 114 organizational incentives, Administrative Science Quarterly, 38 (3), 438—461.

24. Lawler, Edward E., Ⅲ. (1971). Pay and organization effectiveness: A psychological approach, New Yow: McGraw-Hill.

25. Mahoney, T. A. (1989). Multiple pay contingencies: Strategic design of compensation, Human Resource Management, 28, 337—347.

26. Milkovich, G. T. & Anderson, P. H. (1972). Management compensation and secrecy, Personnel psychology, 25, 293—302.

27. Mowday, R. T., Porter, L. W., & Steers, R. M. (1982). Employee-organization linkages: The psychology of commitment, absenteeism and turnover, New York: Academic Press.

28. Meyer, J. P., Allen, N. J., & Smith, C. A. (1993). Commitment to organizations and occuoations: Extension and test of a three-component conceptualization, Journal of Applied Psychology, 78, 538—551.

29. O'Brien, Joan C. & Zawacki, Robert A. (1985). Salary surveys: Are they worth the effort, Personnel, 62 (10), 70—74.

30. Porter, L. W., & Smith, F. J. (1970). The etiology of organizational commitment, Irvine University of California.

31. Price, J. L. (1977). The dtudy of turnover, Ames, IA: Iowa State University Press. Schermerhorn, J. R., Jr., Hunt, J. G., & Osborn R. N., (1994). Managing organizational behavior, New York: Wiley.

32. Tang, T. L. P., & Sarsfield-Baldwin, L. J. (1996). Distributive and procedural justice as related to satisfaction and commitment, Sam Advanec Management Journal, Summer, 25—31.

33. Walster, E., Walster, G. W., & Berscheid, E. (1978). Equity: Theory and research, Boston: Allyn and Bacon.

34. Wiener, Y. (1982). Commitment in organization: A normative view,

Academy of Management Review, 7 (3), 418—428.

35. Stevens, J. M., Beyer, J., & Trice, H. M. (1978). Assessing personal, role, and organizational predictors of mangerial commitment, Academy of Management Journal, 21, 380—396.

36. Vroom, V. H. (1964). Work and motivation, New York: John Wiley.

台湾人本企管简介

人本企管公司创立于 1995 年 7 月,专精于经营战略规划、战略性人力资源管理、绩效管理与薪资设计、网络软件解决方案等各项领域。

人本企管公司 2000 年进入中国内地市场,受清华大学邀请在内地讲授平衡计分卡(BSC)、企业战略规划、权变领导、工作评价、绩效管理等课程,同时也在香港中文大学、北京泛太平洋管理中心及上海、昆山、深圳、武汉、新疆等地培训公司授课,培训内地企业 CEO、高管学员近千人次,尤其为内地电信业如中国电信、中国移动、中国联通 CEO 及高管培训数百人。除培训之外,同时结合平衡计分卡的理论基础,辅导企业具体的实践在战略规划与绩效考核上,首开中国内地采用平衡计分卡作为项目辅导主轴之先河。

为了给顾客提供有价值的服务,人本企管将辅导数十家企业导入平衡计分卡经验,总结规划成聚宝盆系列软件战略聚宝盆系统——BSC、人资聚宝盆系统——EHR,以协助企业能快速、有效地将企业经营管理的知识在软件上运作,让企业的经营知识具体体现在日常管理工作中,真正成为企业营运流程的一环。

人本企管是企业成长与创新的战略伙伴!
* 经营战略全方位规划
* 平衡计分卡绩效管理
* 工作评价薪资设计
* 人力资源制度建设
* 平衡计分卡 BI 系统
* 绩效考核发展系统
* 工作设计发展系统
* 人事考勤薪资系统

辅导企业（台湾）

银行	岛内新银行、新加坡发展银行、新加坡大华银行、花莲企银等14家银行、金融信息服务中心
信合	台中二信、台中三信等
建筑设计	李祖原、宗迈、刘祥宏、三门、华业、潘冀等大中型建筑师事务所
医疗	台中台安、杨梅德安、台北中山、基隆矿工、天给妇产科、云林若瑟等医院
营造业	久年营造、助群营造
服务	新力音乐、亚历山大、大耀汽车
证投	日盛、亚洲、富邦、大庆、富隆、金鼎证券、富邦投信、东霖投顾、大庆票券、环球证券
百货	大统机构（大新、大乐、大立伊势丹）、福元百货、尖美百货、汉神百货
建筑业	宏盛、宏泰、鑫园、全友、大庆集团、全球建设
计算机业	巨将计算机、美商巨积、快译通
科技	全新光电、新高生物、九豪精密、康全电信、思达科技、宙飞通讯、可宁卫能资、奕达电子、捷康半导体、美商力登计算机
旅行	理想旅行社、凤凰旅行社
饭店	白金汉、华王
清洁	泰和、台湾维资、大唐、巧巧、台湾美装、洗霸
房仲业	永庆房屋、宏泰房屋、骏达房屋、怡高顾问
出版	亲亲文化、旗标
保全	新光保全、谊光保全、新光高楼、乔信保全
制造	益张实业、仕霸工业、优生、南俊国际、儒亿精密、奇钰、茂顺油封、花王、新万仁
广告	庭伟、华得、智得沟通、互动广告、奥亚营销
财团	中国纺织中心、工研院、北市建筑师公会、房屋中介公会、广电基金、高雄仁爱之家、语言训练中心、生技中心、食品研究所、金属中心
贸易业	美商Tiffany、美商必帝、巨通、高昌

辅导及授课企业（内地）

内地合作单位	清华大学、厦门大学、泛太平洋管理中心、苏州先锋企管、武汉德邦企管、深圳启行企管、深圳资策企管、深圳麦金士、北京华点通、新疆晨报
电信业	中国电信、中国移动、中国联通、江苏电信、广东移动、新疆电信实业
制造业	沈阳北泰方向集团、哈药集团、北京金源化工、北京科广联、广东美的电器、富士康（鸿海）、翔国电子、旭鹏精密
服务业	北京凯姆克、中国医药集团、青岛中天科技、新疆鸿福饭店、新疆公众信息、上海青和服装、福州三福百货、太平洋保险、深圳招商证券

读者联系卡

　　为加强对读者的服务,帮助读者阅读及使用本书,以回馈读者之爱护,特制作读者联系卡,请本书的读者踊跃参与,使我们有机会为大家提供更好的服务!

读 者 数 据

姓名_____　性别_____　生日____年____月____日
学历_____　住宅电话_____
地址_____
公司名称：_____　行业：_____
公司人数：_____　部门_____　职称_____
公司电话：_____　e-mail：_____

意 见 调 查

一、您为何想购买本书？（可复选）
☐自我进修　☐工作需要　☐当参考工具　☐赠送亲友　☐其他
二、您是否愿意参加下列活动？
☐读者座谈会（说明会）　☐读者联谊会　☐读书会
☐愿意长期收到相关信息
三、您希望本公司出版何种类型书籍：
_____
四、您对本书内容的建议、看法：
_____

☞填妥后请传真（02）2748-7748 或发 e-mail：dorris@smartbsc.com　　赵苓芝